数字经济发展理论与探索

钟明婧　李晓萌　王　鹏 ◎著

图书在版编目（CIP）数据

数字经济发展理论与探索 / 钟明婧，李晓萌，王鹏著. -- 北京 : 中国书籍出版社, 2024. 8. -- ISBN 978-7-5068-9989-5

Ⅰ. F492

中国国家版本馆 CIP 数据核字第 20243A931A 号

数字经济发展理论与探索

钟明婧　李晓萌　王　鹏　著

图书策划	邹　浩
责任编辑	吴化强
责任印制	孙马飞　马　芝
封面设计	博健时代
出版发行	中国书籍出版社
地　　址	北京市丰台区三路居路 97 号（邮编：100073）
电　　话	（010）52257143（总编室）　（010）52257140（发行部）
电子邮箱	eo@chinabp.com.cn
经　　销	全国新华书店
印　　厂	环球东方（北京）印务有限公司
开　　本	710毫米×1000毫米　1/16
印　　张	12.5
字　　数	222千字
版　　次	2025 年 4 月第 1 版
印　　次	2025 年 4 月第 1 次印刷
书　　号	ISBN 978-7-5068-9989-5
定　　价	78.00元

前　言

当今时代，数字经济以其独特的创新性和渗透性，正成为推动全球经济转型和社会发展的关键力量。随着信息技术的飞速发展，数字经济已经成为全球经济的新引擎。它通过数据的高效流动和智能分析，优化资源配置，提高生产效率，促进商业模式的创新，为传统产业注入新的活力。同时，数字经济还为解决就业、教育、医疗等社会问题提供了新的途径和解决方案，其社会效益和经济意义不言而喻。

数字经济以其高效的信息处理能力、灵活的资源配置方式和创新的商业模式，在全球范围内引发了一场生产和消费方式的革命。它通过促进信息技术与传统产业的深度融合，加速了产业结构的优化升级，提高了生产效率和经济效益。同时，数字经济的发展也为社会带来了更加公平、开放的资源获取渠道，为缩小地区发展差距、提高社会整体福祉提供了可能。

《数字经济发展理论与探索》一书深入剖析了数字经济的内涵、特征及其在现代社会中的重要作用。本书首先概述了数字经济的特征和影响，并探讨了理论创新的必要性。随后聚焦于数字经济的战略决策，包括基础建设、融合发展和共享参与。其次深入讨论了数据作为数字经济核心要素的重要性，以及数字货币的理论与实践。接着着重分析了云计算、人工智能、5G通信和区块链等技术如何为数字经济提供支撑。另外探讨了数字经济治理和互联网平台化发展的问题。最后具体分析了数字经济如何推动不同产业的变革与发展。本书旨在为理解数字经济提供全面视角，为相关领域的研究和实践提供理论指导和实践参考。本书的编写，是作者对数字经济领域多年研究和思考的总结，希望能够为学术界和实践者提供一些有价值的见解和启示。然而，由于数字经济本身仍在不断发展和演变，加之作者学识有限，书中难免存在疏漏和不足之处。在此，作者诚挚地希望读者能够提出宝贵的意见和建议，共同推动数字经济领域的研究和实践不断深入。

目　录

第一章　数字经济概述

第一节　数字经济的特征

一、数字经济的基础

（一）数字经济的发展阶段

随着数字技术的迅速发展，数字经济的发展出现了三个阶段：第一阶段是20世纪70年代开始的“孕育阶段”，以数字嵌入技术和数字内容产品的产生为代表；第二阶段是20世纪90年代的“成长阶段”，这一阶段形成了对数字经济产业的基本数字技术支持体系；第三阶段是20世纪末期以来的“崛起阶段”，在此阶段中全球数字经济由技术向市场迈进，数字产品的交易与应用不断拓展。

1. 数字经济的孕育阶段

数字经济的外延产品先于互联网的出现，然而互联网的迅猛发展加速了数字经济的成长和人们对数字经济的理解。计算机、嵌入式软件和网络技术的发展为数字经济的初步形成提供了技术支持。

以计算机、嵌入式软件和通信网络为基础的互联网的诞生是现代数字经济进入人们视野的标志性事件。在互联网的诞生阶段，诸如英国、法国、加拿大和其他一些国家，虽然已经创建了自己国家的计算机网络或是正在筹备计算机网络的建设，但技术的障碍使得网络并不能实现全球化，而TCP/IP协议的出现使不同网络之间的跨网通信成为可能。

总之，计算机和网络技术的发展为数字经济的形成提供了技术支撑，为数字产品通过互联网在全球范围内传播提供了孕育阶段的客观条件。换言之，TCP/IP

协议是数字内容产品孕育的一个标志，它的出现使得数字内容在互联网上出现及传播成为可能。

2. 数字经济的成长阶段

网络通信行业的基础设施建设为推动数字经济的发展奠定基础。网络通信行业的基础设施建设主要包括搭建网络所必需的计算机硬件制造，通信硬件、软件和服务。

3. 数字经济的崛起阶段

综合性信息网络的建成是数字经济形成的标志，数字工作者也应运而生，大量新的数字实践技能被不断挖掘，其对商业、政府甚至整个社会都带来了深远影响。数字经济引发的第三次浪潮创造新的市场，并提供资源和需求的流动渠道，因此，全世界的组织和个人都可以参与创新、创造财富和社会互动。例如，政府的数字化影响各项政府服务、监管程序、决策过程和治理制度，帮助社会公众通过数字化产品和技术广泛参与到政府事务当中，提高政府的效率、转变政府职能、降低管理成本。同时，一些关于网络发展的理论及相关的政策也对数字经济的发展起到了巨大的推动作用，比如梅特卡夫法则、摩尔定律、达维多定律以及数字商业政策等。这些理论的应用揭示了数字经济的基本特征：一方面有利于学者学习和研究数字经济的内涵；另一方面则便于决策者把握数字经济脉搏，完善相应的制度和法律保障，确保市场的健康发展。随着相关理论的深入和政策的完善，数字经济呈现崛起状态。

（二）数字经济的概念

如今，数字经济几乎无处不在，它已经并将继续改变全球经济活动的模式与内容。数字经济是新通用技术变革影响的结果，它的影响远远超越了信息和通信技术部门的范畴，涉及了经济与社会活动的所有部门，如零售、运输、金融服务、制造业、教育、医疗保健、媒体等。它是通过全球化的信息互动和交流而实现的高科技经济。大部分数字经济的定义不仅仅是互联网经济（经济价值来源于互联网），同时还包括经济和社会活动所产生的其他信息和通信技术（ICT）。一般来说，数字经济是经济的一部分，主要是通过数字技术支持在互联网上进行商品和服务的交易。

数字经济是基于支持性基础设施（硬件、软件、电信、网络等）、电子化管理（一个组织通过计算机介导的网络进行流程管理）和电子商务（网上交易）的生产性或贸易性活动。经济合作与发展组织（OECD）认为数字经济是通过电子商务在互联网上进行商品和服务贸易的活动。数字经济由三个主要部分构成：支持基础设施、商务流程电子化（如何进行业务）、电子商务交易（在线销售商品和服务）。实际上数字经济的含义比较广泛，随着综合性信息互联网的建成，数字经济常被理解为以网络作为载体而产生的经济活动。如远程教育、远程医疗等，消费者无需与供应商面对面地进行货价交易，就能形成便捷、快速的经济活动。

数字经济与知识经济、网络经济、信息经济在概念上有近似之处，但又不尽相同。知识经济是依赖于知识和信息的生产、传播和应用的最为基础的经济形态；数字经济是信息经济和网络经济形成的基础经济，知识经济的发展为信息经济、网络经济的形成提供了条件；网络经济是指基于因特网进行资源的生产、分配、交换和以消费为主的新形式的经济活动；信息经济是以现代信息技术等高科技为物质基础、信息产业起主导作用的，基于信息、知识、智力的一种新型经济。信息经济与网络经济最终反哺知识经济，更有利于知识和信息的生产、传播及应用，三者并不是阶段性或矛盾的出现，而是影响经济发展的关键性原因所在，三者的交织融合逐步实现了向数字经济的过渡。知识的不断积累是当今世界变化的基础，信息产业、网络经济的蓬勃发展是当代社会发生根本变化的催化剂，数字经济是发展的必然结果和表现形式，由此不难看出这几个概念相辅相成，并构成了最终的数字经济内涵。

综上所述，数字经济是建立在数字技术基础上的生产、消费和交易等经济活动。

二、数字经济的发展定律

（一）梅特卡夫法则

梅特卡夫法则是指网络价值随着用户数量的平方数增加而增加，即网络的价值$V=K\times N^2$（K为价值系数，N为用户数量）。在基础设施成本一定的情况下，使用的用户越多，则其带来的价值就越大。正如网络信息门户网站，资源被固定在门户网站上，浏览网页的人员越多，此网页的价值就越大，相应均分到的成本就越小，即数字经济的价值随着网络用户的增加而呈指数形式增长。

在数字经济中，数字产品可以很容易地进行复制和传播，这就导致更多的用户可以通过比较低廉的成本获取产品，有效地增加了产品的累积增值性。与此同时，大数据的整合功能可以把零散而无序的大量资料、数据、信息按照使用者的要求进行加工、处理、分析、综合，从而形成有序的、高质量的信息资源，为经济决策提供科学依据，带来不断增长的报酬。

（二）摩尔定律

摩尔定律的重要意义在于，长期而言，随着制程技术的进步，在相同面积的经营下生产同样规格的IC，每隔18个月，IC产出量就可增加一倍，换算为成本，即每隔18个月成本可降低50%，平均每年成本可降低30%以上，使得IC产品能持续降低成本、提升性能、增加功能。这一定律揭示了成本降低的速度。但后来衍生的新的摩尔定律则意指互联网主机数和上网用户的人数的递增速度大约每半年就翻一番。针对一般商品而言，生产一单位商品的边际成本超过一定的限度后会有所上升，然而数字内容产品基于网络传播的特性打破了这一限制。

数字内容产品是指在数字经济的各种商业交易中，基于计算机数字编码的产品。它的成本主要由三部分构成：一是信息基础设施建设成本，二是信息传递成本，三是信息的收集、处理和制作成本。由于信息网络可以长期使用，并且其建设费用与信息传递成本及入网人数无关，所以前两部分的边际成本为零，平均成本都有明显递减趋势，只有第三种成本与入网人数相关，即入网人数越多，所需收集、处理、制作的信息也就越多，这部分成本就会随之增大，但其平均成本和边际成本都呈下降趋势。因此，信息网络的平均成本随着入网人数的增加而明显递减，其边际成本则随之缓慢递减，网络的收益随入网人数的增加而同比例增加。

（三）达维多定律

达维多定律指出数字经济更注重创新，创新是经济发展的不竭动力。世界经济论坛指出，数字经济是“第四次工业革命”框架中不可缺少的一部分。越来越多的基于数字技术和新的商业模式下的创新可以减少投入，甚至是零投入，例

如，现有产品和流程的数字化、分布式制造、依赖广告的免费业务，还有交通、银行、教育等各领域的类似于优步的行动等，因此在数字经济下必须注重创新。电脑和互联网正逐渐改变我们思维方式的方方面面：我们的感觉、记忆、使用的语言、想象力、创造力、判断和决策过程。为了能够与更强大的技术竞争，人类在未来将不得不专注于创新，企业更需要如此。

三、数字经济的基本特征

在数字经济系统中，数字技术被广泛应用，由此带来了经济活动的新特征。

（一）开放

数字经济的开放首先指人的开放，人与人的关系以及部分行为和互动的开放。传统经济下人的交流及关系发展形势相对比较单一枯燥，如通过书信等手段建立并维护感情，人的关系空间就显得异常狭窄甚至封闭，但在数字经济的背景下，彻底实现了注册一个信息就能走遍天下并随时随地接受或传递个人情况及信息的梦想，人不再孤独，而隶属于群体，也不再单单隶属于一个群体，而是隶属于更多的群体，群体的多样性反过来推动人的开放。与此同时，由于数字经济组织结构趋向扁平化，处于网络端点的生产者与消费者可直接联系，深化了人与人之间部分行为的互动，以此降低了传统的中间商存在的必要性，从而显著降低了交易成本，提高了经济效益。数字化经济将进一步加剧现有的不平等，也就是出现“数字鸿沟”。数字经济为人类提供了情绪宣泄的平台及交流学习的环境，数字化将从根本上改变我们的工作和生活方式。但是，数字经济中不同的技术标准（质量、速度等）和不同的个人能力造成极大的机遇不平等，因此平等接入互联网是公平参与社会的关键。

其次是技术的开放。数字产品的主要投入为知识（技术），但是技术上的保密性是企业保持竞争优势的重要筹码。数字经济欢迎新事物和新理念，缺乏创新意味着丧失竞争力，终将无法摆脱被淘汰的命运。简而言之，“一切照旧”意味着失去机会和造成竞争劣势，速度、弹性和创新是必要的数字经济新要求。以软件业为例，起初技术人员在构建软件时，他们通常为心中假想的某一类用户而编写，现在软件创造者针对各种可能的潜在用户，逐步开放使用，并解决了大多数用户的需求。在移动通信行业领域，设计良好的平台可以促进应用程序的升级，为用户平台增加功能，因此它可以不断增值。此外，越来越多的数字产品在技术开放的背景下抢占了先机，一度成了竞争的赢家，比如在移动通信领域，安卓操作系统的开放性选择和苹果系统的半开放性都在很大程度上击垮了技术上少有改变、没有做好应用的配套、没有唤起产业链上的合作伙伴及用户信心的塞班系统。信息技术平台在数字经济基础设施中举足轻重，技术的开放让竞争多方都成为赢家。

（二）兼容

数字经济促进了产业兼容、技术兼容和发展兼容。

一是产业的兼容。知识的生产、传播以及应用被信息化和网络化迅速渗透，最终促成了第一、第二、第三产业的相互融合。例如，农业工作变得机械化，对劳动力的需求大幅度减少，工业也如此，不能适应数字经济下的新工作岗位的工人面临失业。因此，新农民、新农业、新工人、新工业将大量涌现，电脑控制、移动终端操作这些技术将提高工作效率，降低人工成本及技术限制，导致三大产业之间的界限变得模糊，最终实现产业的兼容。

二是技术的兼容。在日渐一体化的数字经济融合中，互容性允许不同的平台和应用程序可以由不同的开发及使用人员联系和沟通，以此增加用户的使用价值。互容性是指不同硬件与软件、技术之间的兼容。不同的平台和应用程序之间的互相操作性允许这些单独的组件连接和沟通，这是基本数字技术日益趋同的结果。用户通过一个单一的平台访问更广泛的内容来体现互容性增加产品的价值。如今，由于数字经济中区别于传统实物交易的产品及服务均以数字化的形态存在，现实与虚拟技术的兼容成了数字经济的有力依托。例如，广泛运用的虚拟现实技术。作为数字化高级阶段的虚拟现实技术能使人造事物像真实事物一样逼真，以此来应对现实中难以实现的情景。然而技术的兼容需要统一的标准化要求，但是标准化不应被视为技术兼容的灵丹妙药。

三是发展过程中消耗与可持续性的兼容。传统的经济发展认为社会资源是有限的，经济发展必然会带来资源的消耗，因此与生态环境很难兼容，即经济的发展会对有形资源、能源过度消耗，造成环境污染、生态恶化等危害。数字经济在很大程度上既能做到不断地消耗资源，又能够保障社会经济的可持续发展。

（三）共享

技术变得越来越嵌入我们的生活，因此产生了越来越多的数据。数据或技术的共享会吸引更多的用户或组织，如广告商、程序开发人员到平台上来，带来的直接效果就是平台上的用户越来越多，吸引力越来越大，用户与产品的相互作用越来越明显，会有更多的用户和有价值的产品不断出现。共享带来的间接效果是由于平台的高使用率会对类似平台或产品的原始用户带来收益，同时原始用户通过技术把一部分额外效益无偿转移给其他生产者或消费者。例如，被广泛采用的操作系统会吸引应用程序开发人员生产新的应用兼容程序的操作系统来保障用户的利益，同时自身也获得额外收益。

在数字经济时代，共享技术通过区块链、大数据、云计算等先进手段，实现了资源的高效配置与利用。这些技术不仅打破了传统经济模式的壁垒，更促进了信息的透明化与流通性，为经济的共享发展奠定了坚实基础。

为确保数字经济的共享技术能够健康发展，我们需要加强技术研发与创新，提升数据的安全性与隐私保护水平。同时，积极推动数字技术与实体经济的深度融合，拓展共享技术的应用场景，以释放更大的经济价值和社会效益。

此外，政府与企业应携手合作，构建公平、开放、透明的市场环境，鼓励更多主体参与到数字经济的共享发展中来。通过不断优化政策体系与监管机制，我们可以确保数字经济的共享技术在正确的轨道上稳健前行，为构建更加繁荣、可持续的经济体系贡献力量。

第二节　数字经济的影响

一、数字工作者

随着数字技术变得无处不在，越来越多的社会工作将被取代。社会工作者需要不断提升数字实践技能。如果打字速度非常缓慢，将难以承担在线社会服务工作，尽管这可能会被简单地增加电脑语音音频和视觉应用来缓解。更重要的是，它还需要扩展实践技能，传统沟通的方法通常是用信件和短信发送文本语言，这种方法很容易被转移到电脑系统中使用。当我们进入数字社会，技术能够提高的社会工作效能不是确定的，与社会工作者创造性地使用数字技能密不可分。

从产品生产到消费者反馈，数字技术随处可见，通过数字化进程，世界上的多数企业都受益颇深。未来数字化进程还将继续，并且为推动全球化贡献力量。如果数字经济开始代替传统的销售和服务，传统工作者必须改变认知和技能，来适应数字经济带来的巨大改变。劳动力构成也随之发生巨大变化，更多地从“非技术”工作向技术工作转变，不断变化的工人需求与职业主要集中在设计、编程、计算和通信基础设施的保养和维修等方面。“非技术”一词指不需要任何可以经过短暂的职业培训和资格认证的工作，典型的例子是专业或简单的农业生产、手工操作，短周期机器运转，重复的包装任务和单调的监测活动。长期来看，数字化可能会带来新形式的非技术性工作机会。

我们应该考虑影响数字化工作机会的三个主要方面。第一，自动化的潜力是有限的，专业知识的重要性不能被计算机所替代；第二，任务和工作流程的动态性；第三，高度不同的工作结构和条件。出于多种原因，我们不应该将数字化改造极端化，更合理的假设是随着数字化工作的进步，非标准化工作将朝着不同的方向发展。当前的研究使我们能够展望非技术性工作的四种发展路径：一是“自动化非技术的工作”，即非标准化的工作将在很大程度上被机器所取代；二是“非技术性工作的产业升级”，即升级非标准化工作；三是“数字化非技术工作”，即出现新形式的非技术性工作；四是“结构稳定的非技术性工作”，即不改变现有的人员和组织结构。这些不同的发展路径通过支持自动化和产业升级提高工作的质量和提供“体面的”工作，同时这将进一步减少低学历人群的就业机会。未来的数字工作者将包括以下两大类人群。

（一）软硬件开发维护工作人员

硬件、软件包括提供数字经济发展必备的基础设施、软硬件以及所衍生的后续服务等。信息的传递与其说是“高速公路”，倒不如说是“高速公路网”，这里的“高速公路网”是数字经济的基础设施，它是突破时间及空间的立体化网络。基础设施的建设与完善主要包括三个方面：硬件、软件以及信息数据等基础设施的建设。硬件包括摄像机、扫描设备、键盘、电话、传真机、计算机、电话交换机、光盘、电缆、电线、卫星光纤传输线、转换器、电视机、监视器、打印机等信息设备；软件包括允许用户使用、处理、组织、整理各类信息的应用系统

和应用软件等；信息数据包括存储于电视节目、信息数据库、磁带、录像带、档案等介质中的各类数据。计算机和电信行业的快速发展已经为程序员提供了一个庞大且不断增长的系统，如系统分析师、计算机科学家和工程师等。这些职位通常需要专业学位的学习经历，通常集中在科学、数学或工程领域，并在许多情况下，甚至需要研究生学历的人才或者受到过专业培训的人才。

内容制作者、维护人员主要负责为软硬件的开发制定技术标准，不断制作、更新和维护数字产品。经济增长与技术密不可分，当前的经济条件开创了前所未有的新兴市场，也为培养技术人员并通过增加投资来推动增长的人才、技术需求开辟了新路径。同时数字技术刺激了消费者需求，并有效利用资本和资源形成了良性循环。这些都需要大量的数字工作者去推动。许多公用事业部门在全国开始铺设数千公里的新纤维光缆，带来的直接效果便是使互联网接入速度提升了几十倍。随着互联网用户数量的增长，上网速度变得更快，更加具有兼容性，随之而来的是上网设备数量的增加，这些对数字经济的基础设施的建设要求较高，同时也加大了对数字工作者的人才需求。

（二）软硬件使用人员

数字市场都是双面的，由此导致两个或两个以上的用户组从数字平台的使用中受益。例如，用户使用搜索引擎在互联网上获取信息，广告商获取潜在用户信息来推广数字产品。这些数字产品的出现给人类生产方式及生活方式都带来了极大改观，从经济链的角度来讲主要是供应商、中介商以及服务支持机构，这些新兴技术的出现也潜移默化地推动了数字工作者对于自身能力的提升。

供应商主要指将自己生产或是他人生产的物品用来交易的群体。中介商在现代社会更多地被称为电子中介或信息中介。中介商在网上提供服务，通过搭建平台，建立信息沟通机制来负责建立和管理在线市场，笼络消费者和供应商，并提供一些基础设施服务，以帮助买卖双方完成交易。服务支持机构主要负责解决数字经济具体实施中产生的问题，如从认证、信用服务到知识提供，但更倾向于后续权益的维护、法律保障、自发形成的潜在准则、信用服务、评估、业务培训、决策咨询等。这些都要求硬件、软件的使用及受益人员掌握数字经济产品的相关知识，包括基本硬件信息、软件维护、门户网站、窗口设计等，其导致的直接结果是大量新就业岗位剧增。

数字革命已经达到需要科技素养全面的人们参与的阶段，因此在地域上和领域上分散的员工需要协作来共享技术、思想、人脉、经验和知识，使他们避免“封闭怪圈”，进而提升社会进步价值。我们应区分三种技能：工具、结构和战略。工具指处理技术，知道如何使用计算机和网络进行更复杂的操作，如发送电子邮件附加文件，使用文字处理、数据库和电子表格应用程序，搜索互联网或下载、安装软件。结构技巧指的是能够使用信息中包含的（新）结构的能力。战略技能指更具战略性的使用信息，包括主动寻找信息、分析关键信息的能力和行动，掌握相关工作或个人生活环境信息的连续性，有时被称为组织的意外。社会信息景观渗透到我们的日常活动中使得这些技能变得越来越重要，但从本质上说，它们不是数字技能，它们非常相似并与数字实践技能有很密切的关系，旨在开发研究相关的社会工作学习和实践方法。

二、数字消费者

（一）数字消费者信息获取

在数字经济的推动下，消费者可更多地选择通过互联网进行购物，这是因为他们发现通过这种方式可以在做出购买决策时获取更多的信息，促使选择大大增加。更好的信息加上更多的选择，再加上许多互联网业务可以降低运营成本，进而降低价格或提高质量，数字经济无形当中推动了消费信息获取渠道的历史性变革。在网上，消费者可以购买其他地区，甚至其他国家的商品，虚拟化、高速化的信息渠道延伸出数不胜数的商业分支，极大地推动了信息的交互及交易的达成。新闻和报纸就是最为生动的例子，越来越多的消费者可以通过各种形式的渠道来接收不同国家和地区的前沿信息。网站销售比传统零售提供更多的选择。在网上，读者可以输入关键字选择他们想要的产品类型，选择一些品种齐全或者可信度比较高的门户网站，搜索它们的相关信息并进行浏览，通常这些产品几天或者几周之内就会到达消费者手中（海外购物花费时间稍长）。

总体来说，消费信息需求主要为六种类型，分别是发现与探索、事实与体验、比较与选择、交易、学习与积累及确认与再确认。但是数字化影响的不仅仅是消费者在信息获取过程中使用的方法和手段，同时还是消费者在信息获取过程中的各种资源。传统的消费者获取信息、生活形态相对比较单一，然而随着移动

设备的流行与普及，互联网用户在信息爆炸时代对实时化、更快获取资讯和参与交流的需求更加强烈。

在传统媒体盛行时代，消费者行为主要是通过电视、广播以及平面媒体（报纸、书籍等）来获取信息，娱乐方式也仅限于这些设备及技术。但新兴媒体出现以后，消费者行为产生了极为巨大的变化，最为普遍的依然是新闻及报纸的例子。报纸虽不会退出历史舞台，但随着人类对生态保护的重视以及可移动终端的普及，以报纸等为代表的传统媒体也必将走向新媒体发展路径，随之而来的是消费者行为的碎片化，消费者不会再花费较多的时间去阅读传统报纸、听广播、看电视等，取而代之的则是随时随地刷手机新闻、看视频直播、选择电视节目等，简单来讲就是传统媒体巨头“权威的坍塌”以及新媒体“自我意识的崛起”。

（二）数字消费者行为

1. 消费者行为逐渐碎片化

产品的快速更迭缩短了消费者更新换代的使用周期，广告的投入越来越多，效果却并不理想。究其原因，是受到消费领域的“碎片化”影响。“碎片化”意思是指完整的统一物体或形态被分解成零零散散的过程或结果。从涉及数字化消费者来讲，主要表现在信息获取途径对消费行为的碎片化影响上，导致的结果则呈现在媒介接触、产品选择和生活方式等方面。手机、游戏、网络、平面媒体等新兴技术的出现，将消费者以往的生活节奏、生活习惯完全打乱，时间上被分割成碎片的形式，即消费者行为的碎片化。数字产品不仅拥有不可破坏性、选购改变性、较快的传播速度、产品互补性等物理特征，而且从经济学上来讲数字产品还具有较强的个人偏好依赖性、特殊的成本结构，以及高附加值等特征。这些特征导致消费者的行为与传统产品的消费产生了不同的习惯。表现在产品选择上可以理解为从信息的筛选中选择出“理想产品”，在实际购买过程中显得更加务实，由于消费者的年龄、职业、收入、爱好以及对产品特性的感知等不同情况，出现了“理想产品”与实际购买产品不一致的现象，诱发“碎片化”的行为变化。

2. 消费者趋向于信息实效

信息获取渠道不断丰富，可供选择的信息也参差不齐，消费者对信息的选择与过滤更加频繁，会更加主动查询和长期关注由真实用户发表与分享的产品使用体验与回馈，因当前存在被不良商家雇用的虚假用户，消费者更加趋向于能够实时、面对面地去了解产品，同时对于相关部门的监管能力也给予了更高的期望。通过数字技术也可以将客户的真实体验与信息分享用于数字营销。在当今世界，消费者和商业客户经常做的第一件事就是在决定购买前通过搜索网站和比对自己的朋友圈及其他用户分享的建议对产品进行排名。商业主体必须提供最新的产品信息和在线了解消费者对产品提供的建议和意见，这是因为商业主体可以将活跃在各大平台上的消费者作为“营销工具”来促成它们的产品交易和服务，以增加客户忠诚度。例如，随时调查消费者倾向于何种广告推广，什么时候最容易接收信息，然后通过何种渠道选择他们的产品。商业主体越来越意识到他们可以不再专注于通过数字化技术销售产品，而更重要的是需要出售一种体验。如果商业主体做不到这些工作，将使潜在客户丢失，实际客户不满。因此，沟通和服务是关键，企业必须改变现存的与消费者沟通的方式，取代以往强加式、灌输式等单向的互动，摸索出既能吸引消费者，又能与消费者保持长期的双向交流，保证消费者分享自身的经验和感受的途径，使消费者形成一种对信息的真实把控。

3. 消费者趋向于自主决策

面对数字时代，消费者在商品信息的筛选、产品的选择、价格的对比以及进行实地的走访查询和售后维权等过程中更表现出强有力的自我决策意识。在浏览广告页面时，消费者会被经销商铺天盖地的宣传“困扰”，甚至会产生“对抗营销”的心理作用，与以往传统的报纸、电视广告不同，纷繁复杂以及充斥着过时、虚假的信息使得消费者更加注重多方位、多角度地去审视产品信息，以此来保证自主决策。

（三）数字消费者心理

1. 方便快捷的满意度

今天的消费者受益于在传统渠道上无法相比的产品选择和服务，在网上购物可以节省时间，提醒供应商尽可能快地交付产品。例如，买一辆汽车就是一个非常复杂的过程：它包括选择特定的制造商和车型、选择装备不同的配件和性能、选择支付方式（是否租赁或购买，如何获得最高的效益）、选择和购买合适的车

辆保险，最后以一个满意的价格成交。在互联网出现之前，收集这些信息可能需要大量的时间，网络的动态变化使购物者可以查看不同车型的照片和阅读大量关于汽车的特性和性能的信息，也可以在线融资和进行保险选项。决定买哪一辆车后，窗口上弹出让客户表明他想要的汽车的类型、排量以及颜色，然后完成一辆新车的购买请求，这些选择信息会让经销商与公司在24小时内联系客户，商讨相关事宜。销售保险产品的工作人员帮助客户确定其需要什么类型的保险以及相关的信息使客户做出有根据的选择，从而使客户得到心理上的极大满足。数字时代下消费者购物具有很多新的特征与优势，极大程度上提高了消费者的满意度。

2. 选择困难症

消费者在选择产品时应结合媒体信息的宣传，还要纠结实际使用的效果，同时还要考虑后期的保障及资金安全问题。这主要分为以下几个原因。一是消费者能否对商家信誉把控的问题。品牌效应一直是影响消费者选择产品的重要因素，品牌的好坏也取决于商家的信誉是否良好，包括商家提供的商品信息、商品质量保证、商品售后服务等是否能使用户满意。二是个人信息保护的问题。随着网络购物的普及，消费者需要提供大量个人信息以完成交易，如姓名、地址、电话号码等。三是配送责任与配送周期的问题。与传统的面对面交易模式不同的是，现行的交易更多地呈现出虚拟化、模糊化特点。在购买产品之后对于其到达用户手中的周期与责任问题面临诸多挑战，有些需要几周甚至更长的时间，如购买海外书籍、化妆品、限量汽车等。另外，在运输的过程中时间延误或者产品出现损坏的责任确定问题凸显，配送物品安全性与合法性有待进一步了解。四是网上购物的体验问题。网上购物更多的是从视觉及用户分享来决定是否进行产品购买，但是产品的实际性能，与自身的匹配程度并不能亲身体验，大大降低了网上选择产品的真实购买行为的可能性，比如对于一件非常喜欢的衣服，用户评价比较高，但是衣服的真实尺寸及上身效果并不能确定，这些都使消费者的购物体验大打折扣。

（四）决策路径变化

大众媒体时代的决策路径与传统的决策路径大相径庭。传统的决策路径是单向的五个阶段，即兴趣、信息、决策、行动、分享，呈现出一种链式的递进关系。消费者基本以被动接受、依赖记忆、独立决策和行动为主。线上（ATL）营销与线下（BTL）营销角色明确，线上营销激发消费者的兴趣、提供信息，线下营销促进消费者决策和购买行为。

第一，从分离到连锁，决策路径无间隔，对某件产品感兴趣，可通过搜索引擎甚至是现场体验来获取产品信息以及自身感受，从而为自己的购买行为进行决策，而后采取购买行为并在使用产品之后通过各种渠道进行分享真实产品体验情况。

第二，以信息为核心，消费者主动获得各种信息。数字经济时代是信息化的时代，知己知彼才能抢占先机。消费者在发生购买行为之前可以通过各种渠道来获取产品信息，如报纸、电视、广播等传统媒体以及以互联网、手机各种移动终端为代表的新媒体。

第三，消费者在选择产品时要结合媒体信息的宣传，还要纠结实际使用的效果，同时还要考虑后期的保障及资金安全问题、网上购物的体验等，这些因素导致消费者过滤、判断信息的难度增加，使了解、对比、选择产品的过程被大大延长，效率下降。

第四，决策的捷径，从兴趣直接到行动。这是因为工具的便利，从兴趣直接到行动是指在决策路径上，信息与决策可以是同步的、动态的，获取信息的同时就已经对消费行为产生决策，大大缩短了行为的发生周期。

第五，分享的闭环，口碑影响消费者的决策。决策路径当中，不同以往的链式过程，信息、决策、行动以及分享形成了闭式结构，口碑已经成为影响信息、决策以及行动的重要因素。消费者不仅可以通过广告等方式了解产品的正面信息，还可以通过新闻、论坛、公众号等渠道来详细了解产品的负面信息，便于消费者进行决策。

第六，随时在线是未来。在各个阶段都存在渠道来供消费者进行决策，比如在兴趣阶段，铺天盖地的广告穿插在我们的生活当中，随时随地延伸消费者的兴趣，加速了消费者进入信息的收集阶段。此后随时随地的查询手段与技术为消费者提供相关的信息，提供更多的选择，更加便于进行决策。之后采取行动并随时随地进行产品的使用效果分享。

三、数字商业

虽然“数字商业”这个词已经被广泛使用了一段时间，也有了各种各样的含义，现在作为一个明确用于描述新兴的商业生态系统的术语将很快引领商业运作的方式。无论是个人还是企业如何思考过去的数字业务，但现在是时候重置以往的陈旧观念了。智能手机、平板电脑、可穿戴设备联网对象以及不断扩大的B2B和B2C应用程序意味着一个公司与消费者、商业伙伴实时互动的能力呈现出“信息爆炸”的倾向。市场，不管它究竟是何种形式，其具有三项主要功能：一是匹配消费者和供应商；二是为市场进行相关的信息、货物、服务的交换以及支付提供便利；三是提供制度基础，如法律和法规框架，使市场运行得更有效率。

（一）数字化资源库更好地匹配消费者与供应商

1. 有效匹配消费者与供应商

分析客户在社会媒体中的行为，可以根据他们使用企业产品的好恶选择和他们的满意程度，能够在消费者产生需求或在问题出现之前说服客户甚至通过返现、退换货等手段减少客户对产品的抵制情绪。消费者可以很容易地通过点击鼠标或点击触摸屏访问海量信息和选择供应商，由此不再被迫支付他们不希望或者不需要的产品或服务，同时可以随时随地与其他消费者进行体验分享。例如，通信业务的流量及通话套餐的选择，运营商不再强制消费者开通或购买所有业务，而是消费者根据自己的喜好和实际需求来进行订阅业务，新的定价模式变得如此透明并能自由搭配，使得消费者满意度有所提高，运营商的竞争力也有所提升。企业与客户、合作伙伴在行业之间进行意见交换极大程度上使消费者与供应商更加匹配。大数据和云计算已经在部分具有实力的公司里发挥作用：推荐系统、预测产品需求和价值等。企业同时可访问消费者日常操作所形成的数据库，然后检查其有效性。虽然这没有真正在实践中被广泛推广，但这依然为企业直接营销到下一个层次提供了机会，大大缩小了潜在消费者的范围，使企业变得有利可图。当客户访问网站时，如果访客已经在网站注册或购买一些产品，网站可能会说“你好”或者用户的名字。因为它可以根据自己的技术，记录客人的互联网地址并匹配到用户信息。

匹配买家和卖家，为交易提供支持（如金融服务），通常需要承担在线风险分担功能。例如，数字经济网站提供交易机制来保障市场进程，同时提供信息和匹配服务，使其选择合适价格出售，通过辨析用户的喜好和感兴趣的信号，提供对消费者的评估、卖家的声誉，为安全交易提供担保。这就可能会有挑战——要求提供个性化服务的同时需要维护个人权利，尤其是对隐私和个人数据的保护。现在，许多消费者因这种类型的营销而担心个人隐私的安全。若网络用户开始相信卖家在网上提供这些服务的同时，可以保护自己的隐私，有针对性的营销可能会变得毫无障碍。因此大数据成为未来发展的必然趋势，企业需要思考如何利用数字化技术改变和提升用户体验，如何利用数字化技术转型公司的产品和业务，如何利用数字化技术提高生产效率。

2. 有效匹配工作岗位

社交媒体是许多成年人日常生活的核心要素，在劳动力市场发挥着越来越重要的作用，尤其是工作匹配。企业使用猎头网站或公司发布职位空缺，寻找新的员工，公司和其他人力资源服务部门系统地评估新员工。事实上，大多数的工作现在只经由广告网络和社交媒体招聘求职者。超过1/3的求职者通过社交媒体进行他们的工作搜索。社交媒体为失业者提供较多的就业机会和其他帮助，帮助人们与朋友维持关系，并找到新的工作，它们形成的社会关系网络给直接寻找工作和间接帮助人们应对失业的痛苦等情况带来重要的益处。社交网络一方面促进劳动力市场一体化；另一方面也加强了现有的社会关系，对于失业人员尤为重要，因为亲密的朋友和家庭成员不仅可以提供有用的信息，而且提供情感支持，从而缓冲失业对他们造成的负面影响。如果失业的人可以通过开放和宽松的网络经常与别人交流，他们将感到更少的社会孤立而得到更多的支持，这些都是促使他们更快地返回工作的重要因素。然而并不是所有的社会群体都会得益于社交媒体提供的机会，尽管许多失业的人使用自己的互联网接入（网络连接+PC或笔记本）找工作，尚有一大批人员没有必要的设备并通过公共互联网访问或寻求信息。这种缺失会限制他们通过数字手段努力获取信息的协助或支持，在许多方面会导致这些人被排除在外。社交媒体进行社会整合和参与劳动力市场都取决于使用这些资源的经验和能力，许多失业者学会如何使用社交媒体找工作，但他们仍然非常怀疑数据是否安全，他们的敏感性反过来阻碍了其通过社会媒体匹配的便捷途

径。传播媒介不再仅仅提供信息，相反，求职者需要学习如何更有效地在线展示自己——换而言之，在新的数字世界通过数字产品获得更多的信心和能力来寻找工作。

3. 有效降低买卖成本

数字经济会改变行业结构，并带来巨大的影响，具体可分成两个阶段予以进行。行业结构改变的第一阶段是市场机制的数字化。其结果是，消费者能用最低的价格买到产品。批发商等中介从价值链中消失，网络中介开始出现，计算机和网络通信（组成）是一个全新的互联网中介，它们的社会功能、成本和收益以及发展前景、责任，将越来越多的用户通过信息和服务加深联系以提升经济发展速度。行业结构改变的第二阶段是产品本身及其销售方式的数字化。数字化是先进的数字技术，由载体和辅助传感器组成，在很多方面可以改进业务流程。例如，大数据分析可以通过跟踪产品运动帮助物流运行更加安全便捷；云平台可以用来创建统一的业务移动和处理平台，可以使员工在任何地方通过设备随时完成他们的工作。标准云平台提供的特性和功能使交易更快捷、利润更高，通过自动化、标准化和全球采购流程，企业可以变得更加敏捷，更快适应需求的变化，能够更好地提高维持利润的能力，同时可以大幅度降低成本。基于我们的经验，数字化技术带来的采购和外包可以减少高达50%的运营成本，这也正是较多的商业主体选择这样一个各种各样的业务流程和IT服务的原因。敏捷性是商业主体至关重要的竞争力，其越来越依赖于通过人工干预和快速变化的市场发展预测进行反应，然而人工和自动化机器还没有完全能够响应。因此，商业主体必须以相同甚至更快的速度紧跟新产品和软件开发来适应连续、突然和迅速的变化。数字化免除了供应商保留实体存货并运送给消费者的必要性，从而大大节省了库存成本和物流运输成本。在销售方面，供应商和顾客通过网络集中到一起，从市场营销、订单处理、销售，到最终支付全在一处解决，缩短了订单履行周期，这大大降低了相关费用。

（二）信息传播发生根本性变化

新的商业模式基于信息的广泛发布和向顾客的直接传递。在线广告支出费用在逐年增加，媒体总支出占比也不断升高，可以说数字经济下的商业广告也从传统的电视、报纸、杂志、广播等形式逐渐向数字化产品融入的形式转变，例如，户外广告、移动终端、网络等，尤其是目前社交软件的普及使广告商逐渐重视社交平台。社交平台直接面对消费人群，目标人群集中、宣传比较直接、可信度高，更有利于口碑宣传。社交平台使营销人员深入了解人们的兴趣，这样他们就可以更加明确消费者公认的内容并准备相关的推广策略。这种直接营销促成数字经济与顾客直接交互式的接触，实现与顾客双向通信，比如通过网络发送信息节约成本，交付数字产品（如音乐和软件）比交付实物产品节省更多的金钱。

（三）数字化技术打破传统交易壁垒

1. 对中介带来的改变

互联网服务提供商和网络托管公司等中介机构在网络基础设施管理中起着至关重要的作用，它可以将设施及信息提供给终端用户，并确保有足够的基础设施投资继续满足新的应用程序和网络容量不断扩大的需求。迄今为止，激烈的市场竞争中，私营部门计划通过电信监管改革推动互联网基础设施的广泛发展。私营部门在很大程度上已经建立了互联网基础设施，并运行和维护大部分基础设施，它在积极参与发展壮大的过程中。互联网促使发达国家在竞争环境中研发和创新应用、技术以及服务的范围。这些创新反过来提供低成本、丰富和高质量的解决方案来帮助网络运营商、设备供应商和服务提供商扩大其规模。如广告是一个重要的在互联网上没有或很低成本的可用内容和服务，在较小程度上，辅助服务费用与高端产品销售利润率相比具有较高的回报。在互联网上，中介平台为了生成观众吸引广告商，吸引卖家，或者能够提供保险费服务而忽略货币成本。对企业和消费者来说，市场基础设施有助于满足传统的公共利益，利益的实现反过来推动可持续的商业模式，继续支持基础设施建设，尤其是过渡到新的数字商业。

然而，有时很难在一个不断变化的环境中确定接收者的身份以及受益人的价值，许多运营商仍然收取用户的数据流量，这些价格往往很高。在其他情况下，移动宽带运营商选择包月方案但控制过度使用的数据。运营商面临一个困难的挑战，定价过低会降低网络质量，定价过高将限制使用的频率。因此，构建一个临界价格对中介的发展至关重要。例如，就用户和广告商或买家和卖家中的双边市场的影响而言，中介机构采取特定的定价和投资策略会使得双方的利益平衡。

一开始讨论的“数字经济”的影响，认为顾客会绕过中介机构，并直接与他们的供应商进行沟通。例如，客户为了检索产品能够直接访问某些制造商并直接与制造商进行商议产品的交付。因此，在这种情况下，传统的中介将从价值链中被删除。取而代之的是数字化市场，新的中介机构随之出现，这可能看起来是一个矛盾，但它是一个典型的“数字经济”的演变发展过程，代表着产业结构和特征的基本变化。它们通过彼此各自的差异化服务所提供的范围和地理覆盖面，在各自价值创造过程中塑造中介的角色。数字经济对中介的发展影响巨大，非中介化和再中介化是两种典型现象。中介一般提供两类服务：一是匹配和提供信息，二是咨询等增值服务。第一类服务可被完全自动化，可由提供免费服务的电子市场和门户承担；第二类服务要求专家参与，只能被部分自动化，因此一般会对此类服务进行收费。由于第一类服务会被自动化，只提供第一类服务的中介将会消失，这种现象被称为非中介化；提供第二类服务的中介不仅会生存下来，而且可能走向繁荣，这种现象被称为再中介化。因特网为再中介化提供了新的机会：首先，当参与者人数众多，或交易的是复杂的信息产品时，经纪人就显得十分有价值；其次，许多经纪服务要求进行信息处理，电子化服务可以在更低的价格上提供更丰富的功能；最后，对于敏感价格的谈判，使用计算机作为中介比使用人工更可靠，软件中介可进行核实，而人工中介的公正性却难以核实。

2. 给消费者带来的改变

差异化降低了产品之间的相互替代性，个性化满足了消费者追求独有服务的需要，消费者喜欢差异化和个性化，愿意为此多花钱。由于没有实体店面、最低限度存货的限制，网上商店运营成本很低，出售的商品一般比普通市场上的便宜。网上商店可以利用数字经济向顾客提供出色的服务，不仅特色鲜明，而且快速便捷，这使其服务极具竞争力。数字经济支持高效的市场，带来了相当激烈的市场竞争，这无疑是机遇，更是挑战。数字交付的商品和服务软件、光盘、杂志文章、新闻广播、股票、机票和保险都是无形商品，其价值不依赖于物理形式。如今的大部分知识产权生产、包装、存储在某个地方，然后送到最终目的地，技术将这些产品的内容在互联网上以数字形式展现。现在来自世界各地的新闻内容可以在互联网上免费阅览。技术和消费者偏好的演变，使消费者访问和浏览互联网可以使用各种设备和工具（也许是个人软件“代理人”），高昂的租金成本可以有效得到节省。

消费者可以通过中介信息的选择，帮助刺激价格竞争、创新和提高质量。消费者通过中介选择供应商，不仅从竞争中获益，还帮助推动和维持供应商的利润提升。消费者通过互联网中介搜索引擎和数字经济平台获得产品的价值或服务信息等多种多样的选择，降低交易成本与活跃经济。成本主要指搜索成本（例如，所花费的时间和精力来确定好可以在一个给定的市场选择合适其价格水平和最具竞争力的供应商）、交付成本、后续保障成本等。网络中介减少时间因素的重要性决定了经济和社会活动的结构，消费者购物和查找信息节省时间，变得更有效率。一些消费者通常习惯于比较其价格，还时常比较网站上存在的购物质量风险，这取决于是由谁来支付和配售搜索引擎的推荐链接。比如大多数互联网商店试图让网上购物尽可能丰富和简单，现在购物不需要去“仓库”来买东西，一些供应商通过网络等渠道提供他们网站的直接链接，安排在商店的货架上的实体产品都替换为电子目录，包括照片、详细的产品描述、大小和定价的信息，甚至通过第三方评论协助消费者选择不同的商品。当准备购买时，客户点击产品，把它装进一个虚拟的“购物车”，并可以继续购物或者直接进行结算。新客户输入基本的姓名和地址信息，以及一个付款账户，在电脑上按一下回车键，交易即时完成。即使购买一辆汽车，这也比典型的零售购买有更多的选择机会，可以通过大量的汽车在线市场、分类网站甚至制造商的网站来选择最合适的汽车。消费者想了解自己所购买物资的到达情况，可以去该公司的网站，输入订单号，可迅速了解产品已经在何处或预计何时能够到达以合理安排自己的时间。由于它的低成本和易用性，互联网将有助于各个主体相互沟通和实现更多的价值。

3. 对供应商带来的改变

供应商可利用官方网站、电视、直播平台、微信、微博和QQ等工具进行充分沟通与协作，打破“信息孤岛”，形成企业自身的知识生成与分享体系，在此基础上，将已有资源进行整合，提高资源的利用率。随着数字技术在商业市场中的广泛应用，重要性也日益显著，更加难能可贵的是其不仅具有低廉的成本，还具有更加高效的使用功能。供应商已经开始使用互联网为客户服务，如产品描述、技术支持和在线订单状态信息查询服务，这些不仅可以省下一笔钱，还可使公司的客户服务人员来处理更复杂的问题和管理客户关系，由此收获更多满意的

顾客。

虽然数字技术对供应商来说带来了巨大的财富，但它们必须把生活真实的一面告诉消费者。基于行业和业务的不同情况，为了避免落后于竞争对手，组织需要重新考虑它们如何在数字化时代发展壮大，高速的产品更迭以及技术更新和人类需求的不断改变，那些不能跟上步伐的供应商将失去业务竞争的能力，这些能力至关重要，供应商开发一个数字战略和开始数字转换宜早不宜迟。在某种程度上，供应商应对数字化冲击必须迅速地采取行动，掌握数字技术，通过移动、社交、互联网（物联网）和大数据来缩短产品和服务进入市场的时间。但这些技术本身是不够的，在内部，还要求供应商应用程序管理数字体验必须无缝链接到应用程序和系统的记录；在外部，供应商、消费者和其他第三方中介需要形成供应链合作伙伴系统。为了抓住机遇，需要适用的技术平台，如果信息系统和业务流程太过落后，则不能利用新技术和新的市场机会，很多公司尚不具备数字技术经验，因为它们缺少必要的信息系统之间的联系，例如，客户信息通常存储在多个数字化载体，如电子邮件、社交论坛、博客的数据中等，有如此多的断开链接的来源，很难形成有凝聚力的竞争资源，这种差异可能导致不一致的客户体验。在当今多元化的行业拓展有效市场业务的情况下，需要的不仅仅是一个统一的客户数据来源，还需要系统能够迅速将匿名读者转化为“已知”客户，这样他们可以进一步被发展成为实际消费者，这需要在海量信息里收集丰富、准确的客户信息，维持供应商与消费者服务端体验互动循环。

供应商应该学会预测客户的需求，提供动态的、引人入胜的交互并通过每个客户首选的联系方式进行无缝对接。一般来讲，有三种基本成分塑造成功的数字体验：一是无缝交付客户体验，通过多个设备和渠道的一致性提高品牌效应；二是为客户进行量身定制，利用数字化技术及设备匹配用户；三是创新，在数字领域利用新颖的形式、潜移默化的“声音”，吸引顾客区分的品牌，增加忠诚度、增加收入。虽然供应商已经接受了一种新的业务流程管理，这个高度响应系统汇集了所有数字转换的元素，如社会、“云”、移动设备、大数据和物联网，这些平台允许开发人员可操作地分析嵌入业务流程，并允许用户与企业应用程序和系统的记录智能交互，建立一个真正的数字业务，但供应商仍需要解决的问题是，理解客户的担忧、举办实时可见性商业活动、消除内部矛盾并增加灵活性、利用商业机会和对市场的变化做出反应，做出更好的决策。

互联网面向全世界，价值昂贵的技术基础设施可为任何人在任何时候提供免费使用。在互联网中，会随时随地出现新事物和新思路，旧的规则通常不再适用，因此，互联网上的竞争是激烈的，空间市场中的竞争无疑是残酷的。电子市场降低了搜寻产品所需的成本，使顾客能找到更便宜或更好的产品，迫使供应商降低价格或改进服务。与此同时，顾客不仅能找到性价比高的产品，而且能以更快的速度查找，比如使用搜索引擎寻找自己喜欢的图书并比较价格，针对这一特点，进行在线交易并向更多搜索引擎提供信息的公司将获得竞争优势，也基于此，不少搜索排名服务可以向企业收取费用。许多代表互联网内容服务的提供商（ISP），现在大多数网上信息是免费的，但是接入国际互联网需要租用国际信道，其成本对于一般用户是无法承担的，这对ISP是一个严峻的挑战，为了应对这一挑战，ISP必须进行创新性盈利，并将互联网产业和传统产业结合起来以保护自己的产品。

（四）数字商业政策

数字商业政策作为推动数字经济与实体经济深度融合的关键驱动力，近年来在全球范围内受到了前所未有的关注与重视。在中国，随着信息技术的飞速发展和市场需求的不断变化，一系列旨在促进数字商业健康发展的政策措施相继出台，为数字商业的繁荣提供了坚实的政策保障和广阔的发展空间。

数字商业政策的制定与实施，首先着眼于构建公平、开放、透明的市场环境。这一目标的实现，离不开对数字平台经济的有效监管和规范引导。中国政府通过出台相关法律法规，如《电子商务法》等，明确了数字平台在交易中的责任与义务，保护了消费者和经营者的合法权益，为数字商业的健康发展奠定了法律基础。同时，政府还加强对数字平台的反垄断监管，防止市场垄断和不正当竞争行为，确保数字商业市场的公平竞争和良性发展。

在推动数字商业创新方面，政策同样发挥了重要作用。政府鼓励企业加大技术创新投入，支持云计算、大数据、人工智能等先进技术在数字商业领域的应用与推广。通过技术创新，数字商业企业能够不断提升服务质量和效率，满足消费者日益多样化的需求。此外，政策还积极推动数字商业与传统产业的深度融合，鼓励传统产业借助数字技术实现转型升级，提升产业附加值和市场竞争力。这种跨界融合不仅促进了数字商业的快速发展，也为传统产业的焕发新生提供了有力

支撑。

在促进数字商业国际合作方面，中国政府同样展现出积极姿态。通过签署双边或多边贸易协定，加强与其他国家在数字商业领域的交流与合作，共同推动全球数字经济的繁荣发展。同时，政府还积极参与国际数字贸易规则的制定与完善，为中国数字商业企业走向世界提供有力保障。在跨境电商领域，政府出台了一系列支持政策，优化跨境支付、物流、通关等环节的服务流程，降低企业运营成本，提升国际竞争力。

为了进一步提升数字商业的治理水平，政府还加强了对数字商务数据的监管与利用。通过建立健全数字商务监测评价体系，科学衡量和反映数字商务发展水平，为政策制定提供数据支持。同时，政府还积极推动数字商务数据的共享与开放，鼓励企业和社会组织利用数据进行创新和应用，推动数字商业的智能化、精准化发展。

在人才培养与智力支撑方面，数字商业政策同样给予了高度关注。政府通过支持数字商务相关学科专业人才培养，促进官产学研用协同，开展多层次、实用性数字商务人才培训，为数字商业的持续发展提供了源源不断的人才保障。此外，政府还鼓励数字商务领域行业协会、产业联盟等组织的发展，打造一批数字商务人才公共服务平台，推动供求对接和资源共享，为数字商业的创新发展提供智力支持。

四、数字政府

事实上，政府治理数字化的规模已经超过其他行业。数字政府是指政府机构利用信息和通信技术，如电话、电脑、网络等基础设施，在数字化、网络化的环境下进行日常办公、信息收集与发布、公共管理等事务的国家行政管理形式。数字政府包含多方面的内容，如政府办公自动化、政府实时信息发布、各级政府间的可视远程会议、公民随机网上查询政府信息、电子化民意调查和社会经济统计、电子选举（或称“数字民主”）等。数字化政府在现代计算机、互联网通信技术的推动下，为帮助建立或积极调节国家的交通、通信等基础设施起到了重要作用。

（一）数字政府使政府效率显著提高

数字政府已影响到包括所有城市居民和政治、经济、基础设施、城市规划和财务状况，这些问题使用市政管理部门的数据就可以解决。在数字社会中的计算机、数据库、信息技术和因特网，为数字政府提供了技术支撑条件和信息交流的公共平台，通过这个平台，引导政府管理迈向更加快速、高效和智能的台阶。政府办事流程的数字化可以提升政府的生产力和效率效益。由于数字交易一般是更快、更方便，数字化正在快速成为公民访问政府服务的首选渠道。数字政府通过提高工作人员的数字技能水平、降低使用数字服务的难度、增加用户体验来提高政府办公效率。通过电子政务，政府一方面能够实现过去不能行使的效能，比如即时服务。另一方面改进过去的政务成效。数字政府实践中基本的经验是，处理政务的速度更快，更能适应节奏变化很快的现代社会；处理政务更为公正，信息更为公开，办事程序更为透明；处理政务更加以人民为中心，方便了客户，公众更为满意。如管理信息系统可以通过有效收集、分析、选择、存储、处理及传播信息等手段来应对复杂多变的环境，为制定合理的决策、促进有效管理提供有力依据。然而数字政府的高效率离不开数字实践者，数字政府从客户事务上节省了时间是实质性的，政府需要考虑通过适当的策略来确保这些工作者顺利过渡到新的角色，这可能涉及外部支持来使用新的数字系统的培训成本和时间成本以及工作人员学习新技能的冗余成本，但因为数字意识和能力是一个重要问题，具有强烈的客户服务意识的员工可以过渡到数字服务中心的客户服务代表，对于缩小数字鸿沟以及提高政府效率意义深远，数字技术人才也应随之增加。如果公众无法享用数字服务，或者他们的业务不可以通过数字渠道实现，政府应鼓励“数字化”客户访问网络和接受数字服务。

从原始数据创建到具备有用的数字工具，从而使信息尽可能广泛地被访问，需要程序员、工程师和城市规划者解释和处理数据，专业知识领域的软件开发、设计和沟通是综合了政府管理和其他社会组织共同开发数字工具的解决方案。总之，城市和政府机构不仅要改善开放数据的态度和提高透明度，还要定期与不同的参与者交流来进行优化。为使公众可以访问所有政府的自助服务区域，了解政策和表达诉求等，公务人员应该帮助他们学习如何解决事务，同时政府也应专注于解决当前系统的复杂性来简化议程。

（二）数字政府使政府更加民主

公民是公共服务的最终用户，并有很强烈的愿望希望政府可以提供卓越的服务，并潜在认为政府的声音应该更有分量，更能得到民众认可，政府的数字化恰好为解决这一问题提供了有效便捷的渠道。政府数字化，即利用网络提供线上服务和网络的双向即时的特点为民众提供互动服务，如云、移动终端和社交媒体，创建一个精细化的运营模式和平台来迅速回应民众以及鼓舞公民参与政策制定和公共服务的设计，此外政府可以通过数字化产品第一时间公布政策、新闻、动态并可以及时、准确获取反馈进行调整，这也就意味着政府与民众之间的互动更加频繁，数字化政府使政府变得更加民主。简而言之，最理想的民主是公民可以全程参与社会的决策过程，数字政府则完美地解决了这一原则性的问题。

（三）数字政府使政府管理成本降低、职能转变

数字政府将一种前所未有的方式和地点呈现给民众办理业务，节省了民众昂贵的交通运输费用，同时也大大降低了政府的内部成本，提升了效率。通过建立大数据信息库、搭建信息整合平台，能够极大程度上减少工作人员配备，无纸化办公、电话网络信息传递等手段都极大程度地降低政府管理成本。比如电子政务的四级便民业务，个人通过政府便民网络系统，在自己的移动终端上就能完成信息阅览、表格下载、进度查询等业务，既方便个人业务办理，也减少了个人及政府人员配备开支。我们分析了一系列不能量化的好处，如信任、满意度、透明度、合作和参与。但政府和公民的主要成本费用，包括ICT资本、运营费用、人员费用和数字教育转型却是能够量化的。计算机的普及，包括智能手机、平板电脑的使用，多年来，软件和互联网推动了一系列新的数字技术，包括移动应用的发展、智能设备和云计算等。数字变化将客户交易变得便捷，政府管理成本变得更加低廉，数字技术已成为我们生活和经济的一个组成部分，数字的变化已经从信息和通信技术部门本身扩展到许多其他行业，数字政府已成为民众广泛的受益者。客户交易服务是公民和公共部门之间实质性的相互作用，涉及的活动如缴纳的税款和账单、申请政府福利、营业执照和登记等，为惠顾公众的日常生活提供了重要的公共资源。近年来受数字创新的影响，公共部门已经充分利用数字技术，有的政府事务由于其复杂性可能很难被数字化取代，但仍有转变的空间。当然，面对面等传统渠道业务办理继续发挥作用。数字变化通常需要改善用户体验

而更改业务流程，改善某些群体的数字技能的水平，减弱使用数字服务的难度。

信息的透明化以及办事流程的便捷化也推动了政府由管理向服务的职能转变。电子政务的实施使先进的信息技术迅速渗透到政府工作的各个方面，对于推动政府职能的转变具有重要的作用。电子政务的实施可以使政府更准确、及时地掌握经济运行情况，在适当的领域中发展适当的服务项目、进行科学指导并实施宏观调控。事实上，数字政府的机遇和影响是巨大的，更好的智能软件和数据驱动的洞察力为数字政府转变职能提供一系列成果来增加经济活力。数字政府的实施可以更有效地提升政府的市场监管能力并更好地为企业、公众发展提供符合其实际运用的服务，从而能够充分发挥政府对经济调节、市场监管、社会管理和公共服务的职能。

五、数字社会

随着社会数字化的迅速发展，人们的生活和工作方式发生了巨大的转变。例如，正在从支持“健康和福利”转向强调“幸福”。数字技术可以用来向更健康的生活方式提供个性化的服务，促进个人的成长和增加他们对社会的贡献。数字社会一般指在“自然—社会—经济”复合系统的范畴，数字社会包含自然环境及人口两个基本要素，在数字经济的大框架下，从“人”的角度来探讨数字社会的巨大变革。数字社会简单归纳为人类发展的台阶式进化，既包含生产方式、生活方式、人际关系的变化，也包含数字经济政策的革命性进展。

（一）生产方式的变化

随着数字社会的实现，劳动力的重塑更新了人类与自然的接口，可穿戴设备与智能机器扩展交互技术将作为“人”成为新的生产方式的团队成员，这些技术与设备可以和普通劳动力完美兼容，成为一种全新的生产方式。数字化的争论工作全面展开，但它可能会边缘化许多迫在眉睫的问题，将为数字社会提供重大挑战，例如，新兴的生产方式如何监管，使社会稳步发展而无须承担相关成本和风险尚不清楚。因此在技术推动发展之前，我们已经面临的挑战是解决劳动力的使用问题，同样涉及时空维度和必须考虑讨论和评估工作的数字化及其潜在影响。

近年来的技术进步给我们带来了新的选择进而塑造我们的工作和生活：信

息和通信技术使我们能够在不同的工作地点检索、处理和保存信息。因此，在目前的阶段，劳动力使用界限被重新界定：不仅承认体力劳动，而且承认脑力劳动也是一种非常有限的资源的事实。我们的工作固定在时间和空间基础上，现在越来越多的任务可以摆脱工业化带来的制约，使人类迈向现代文明的快车道。比如说技术工作者，信息技术的增长在新的劳动力和工作场所两个驱动上所允许的灵活性发挥了重要作用。劳动力的灵活性是指一个公司以更少的僵化的组织结构生产产品和服务的能力，它指的是一个工人没有被绑定到办公桌上或办公室内部的能力。在传统的产业组织模式中，生产工人通过死记硬背执行任务，一遍又一遍地在机械运动，类似车间的生产流水线，一个工人完成自己的工作部分，下一个工人开始进行接下来的流程，一直持续到一个完整的生产过程结束。对于那些需要平衡工作与家庭的员工，远程办公对在工作上与同事和客户沟通提供了便捷。

全球化信息技术创造了新的全球商业机会，在互联网上传输的信号不存在国家边界，面对同一项目，虽然在不同的几个地点，但可做到跨地域远程操控，现在甚至可以部署资源和操作世界各地的组织。在互联网上选择商品、接受教育、获取信息、远程服务咨询、在线指导等，来自世界不同地方的员工可以通过先进技术来完成，可以节省大量时间。互联网在此扮演重要的角色，工作分裂成各种各样的形式，使用电脑导致常规任务被机器执行，但人类尚有部分领域的知识，电脑还不能理解。如今，我们再也无法容忍落后和妨碍人类潜力发挥的工作方式。我们需要摒弃传统的“工作”或“工作场所”，重新审视人类的生产方式。

生产方式是指社会生活所必需的物质资料的谋取方式，以及在生产过程中形成的人与自然之间和人与人之间的相互关系的体系。换言之，生产方式是物质生产方式（物质获取方式）和社会生产方式（社会经济活动方式）在物质资料生产过程中的能动统一。数字经济下的生产方式的性质正在发生变化，我们已经开始从阶段性就业向众包就业转变，工作可能来自任何人、任何地方。与工业社会完全不同的生产工具变得更加多元化，生产力大大提升，数字经济使劳动主体与劳动工具在一起的低效、单一的捆绑情况得到改善。以传统的农业和手工业为主导的生产方式已经远远不能满足现代人类的物质精神需要，以体力化、机械化、僵化的生产方式朝着脑力、技术、创新的形式突破原有生产资料交换的限制。生产方式决定了经济的发展，采用先进的技术，则能发展生产，提高经济效益，从而推动社会的进步，推进历史的进程。经济发展稳定了，人们就会安居乐业，政治才能稳定，整个国家才有强盛可言。在20世纪早期，农业工作已经变得机械化，劳动力的需求就随之减少，当农业工作岗位消失后，仍有制造业工作，后来消失的岗位都迁移到服务工作中来，数字经济的一部分会凸显出来并生成一套全新的工作。可以想象机械化的设备在田间地头劳作，工厂的工人也基本被机器所取代，足不出户就可知天下大事并运筹帷幄，这些都是生产方式转变最好的佐证。综上所述，数字化技术带来了信息革命，有效降低了社会成本，社会成本的降低重新分配社会权利和改变生产方式。

（二）生活方式的变化

生活方式不再单一无趣，取而代之的是高速化、虚拟化、仿真化的教育、医疗、旅游、工作、消费等新形式。例如，远程教育的普及、数字化技术的推进使得卫星、电视、网络等系统资源实现了多次、交互式的数字变革，彻底改变了传统的学生被动学习的教育模式，真正实现了足不出户我们就可以接收到其他地区甚至是其他国家的先进教育资源，同时还可以通过移动终端来随时随地进行学习。当谈到教学的数字化，学生最初的学习环境及教育条件缺乏对地点的灵活选择和时间的充分利用，而如今以数字化信息和网络为基础，在计算机和网络技术上建立起来的对教学、科研、管理、技术、生活服务等校园信息的收集、处理、整合、存储、传输和应用，使数字资源得到充分和优化利用。此外，面对医疗资源的分配不均、救援时间紧迫等原因所导致的医疗救护工作受到部分制约，但关于实现人们远程医疗的梦想从未中断，相反，远程医疗取得了突破性进展：远程医疗技术已经从最初的电视监护、电话远程诊断发展到利用高速网络进行数字、图像、语音的综合传输，并且实现了实时的语音和高清晰图像的交流，为现代医学的应用提供了更广阔的发展空间。另外体育用品公司现在通过个人健康设备捕获和共享运动数据促进健身服务，这还只是新设备和新创意经济推动的开始。传感器、摄像头、家用电器和汽车等无数的东西连接到互联网。对于每个连接，都有潜在的新服务和更好的决策，如远程车辆维修、物业管理和个人健康管理。

每个人都受益于网络，即使不是在相同的模块——从提高效率和创新能力

上。数字化确实提供了巨大的增长潜力。商品和服务的技术——通过合并成为智能对象，将允许其使用更少的资源，更快地生产产品，因此更有效率。以新的方式、组织和创造新形式的就业和商业模式，将为我们提供一系列更快、更好、更低廉的服务。通过更多的包容和更好的方法来照顾老人和残疾人的家庭，这些都是数字化提供的机会，但也有风险：越来越集中的一些垄断数据可能会逃避国家控制，“数字鸿沟”的扩大和社会的两极分化，不断影响工作和私人生活之间的界限，带来更多的压力，而且，如果由机器执行更多的任务，我们可能会失去一系列的能力和技能。

（三）人际关系的变化

数字经济大背景彻底打破了人类交流的时间和地域的局限性，为不同文化背景、不同社会阶层的人们创造了一个独特的对话空间——塞伯空间，即通过电子邮件或电子公告牌实现的异步传播。数字经济为人类提供了前所未有的平台来进行问题的讨论和学习、释放他们的情绪、交换信息、申请政府提高服务，通过共同努力提高他们的生活质量。

1. 为推动人际交流营造环境

人们使用网络不仅仅是为了寻找信息，更是为了寻求情感支持和归属感。数字经济的开放性决定了人、信息和技术的传播自由，尤其是网络采用的离散结构，打破了时间、地域的限制，数以千计的技术及平台为人与人交流构筑了虚拟环境。正是虚拟环境的匿名性、隐蔽性减少了产生信息和反馈的顾虑，最终使人类将紧张的工作节奏、难以承受的生活压力、难以向亲朋好友启齿的情感问题得以倾吐和宣泄，达到了既能保证人类畅所欲言，又能使各项涉及敏感性、隐私性调研工作得以正常开展。区别于传统的交流渠道，现代的交流渠道更倾向于多元化、快捷化、自由化、平等化以及开放化，数字产品的广泛使用推动了人际交往圈子的扩大，人际交往的范围和领域超越了时空的限制，突破了以往面对面的交往局限，实现了一对多、多对多以及多对一的人际关系形式。在数字经济大环境下，所有交往均靠计算机和互联网来完成，不再有国家、种族、语言、文化背景、行业、社会阶层的差别，人们不必担心自己的言行举止是否违反社会规范、是否符合自己的身份、是否被不同文化背景的人误解，也不必为相互关系的建立与维持大伤脑筋，虚拟社区给予人们交流信息、表达意见、抒发情感的广阔空间，省去了现实人际交往中的种种麻烦。例如，越来越多的人热衷于通过微信、论坛、微博等各种交流平台，和与自己有着相同志趣、爱好的人结成一个亲密的社区，甚至与远在地球另一端的好友交谈，就像隔壁邻居一样亲近。在网络这个自由、平等、开放的交往空间，人们可以认识到更多的人，人与人之间的交流越来越多，人与人之间的关系也会被拉得越来越近。

2. 人际交往的社会性和规则性被弱化

数字化的环境不具备现实社会那种活生生的具体时空位置和形态，交往主要以网络为媒介，与现实空间中的交往相比具有间接性、难感知性的特点。网络的匿名性和虚拟化的特征，一方面给网民呈现真实的自我提供了平台，另一方面也让真实社会中的社会道德约束机制变得形同虚设。通过低门槛的移动终端这样的沟通渠道，快速获取知识，我们将整个世界都装进了虚拟“裤兜”。互联网和数字化提供巨大的开放和参与的机会，然而存在社会规则被弱化以及“数字鸿沟”的问题，在这一点上只有数字自治能够处理它们。数字自治意味着在一个数字世界帮助别人塑造自主决策，无论是在工作上还是在生活上。我们想在我们的社会避免数字鸿沟，我们想使每个人都受益于数字自治，从而促进参与。因此，我们的教育体系必须面对数字技术转换，必须获取人们的现实社会生活本身以及关注现在和未来的工作条件。我们最需要的是寻找改变的勇气和信心来完成它，唤醒并保持天生的学习渴望、好奇心和开放的态度面对改变，最终使人人都可以受益。

（四）数字经济政策

1. 数字经济政策的积极意义

（1）促进创新与产业升级

数字经济政策能够为创新营造良好的生态环境。通过制定鼓励研发投入、支持科技成果转化的政策，能够激发企业与科研机构的创新活力。例如，政府可以设立专项基金，对在数字技术领域开展前沿研究的企业给予资金支持，引导社会资本流向数字创新项目。这不仅有助于突破关键技术瓶颈，还能推动新兴数字产业的崛起，加速传统产业的数字化转型。在制造业中，数字经济政策可鼓励企业

引入智能制造技术，实现生产流程的优化与升级，提高生产效率与产品质量，增强产业的国际竞争力。

（2）保障市场秩序与公平竞争

合理的数字经济政策是维护市场秩序的有力保障。明确的行业法规能够规范市场主体的行为，防止不正当竞争与垄断现象的发生。在数字市场中，大型平台企业可能凭借其数据优势与用户规模形成垄断地位，阻碍创新与市场的健康发展。政策制定者可以通过反垄断政策，对滥用市场支配地位的行为进行规制，确保市场竞争的公平性。对于数字广告市场中存在的虚假宣传、不正当竞争等问题，政策可以加强监管力度，保护消费者权益，营造诚信、有序的市场环境。

（3）保护知识产权与鼓励创作

在数字经济时代，知识产权保护至关重要。数字经济政策能够为版权等知识产权提供坚实的法律保障，鼓励创作者积极投身创作活动。对于音乐、影视、文学等数字艺术领域，明确的版权政策可以确保创作者的合法权益得到尊重与保护，使他们能够从创作成果中获得合理收益，从而激发创作热情，推动数字文化产业的繁荣发展。完善的版权政策还能促进知识的传播与共享，在保护创作者权益的前提下，合理平衡公众获取知识的权利，实现社会效益的最大化。

2. 构建积极有效的数字经济政策框架

（1）法律框架的完善与国际合作

构建国内与全球发展相统一的法律框架是推动数字经济持续发展的关键。一方面，国内应制定全面、系统的数字经济法律法规，涵盖数据安全、隐私保护、网络交易等多个方面。明确数据的所有权、使用权与收益权，规范数据的收集、存储、使用与共享流程，保障个人与企业的数据安全。另一方面，鉴于数字经济的跨国特性，国际合作不可或缺。各国应加强在数字贸易规则制定、跨境数据流动监管、知识产权保护等方面的交流与协作，共同构建公平、开放、包容的全球数字经济治理体系。通过签订双边或多边数字经济合作协议，消除贸易壁垒，促进全球数字交易的顺畅进行。

（2）合理的税收政策

制定合理的互联网商务税收政策是数字经济政策框架的重要组成部分。税收政策应符合国际税收的基本原则，保持对不同形式商业的中立性，避免因税收政策不当导致市场扭曲。在对数字经济进行征税时，要充分考虑数字企业的特点与发展需求，采用科学、合理的征税方式，避免重复征税与不合理的税收负担。可以探索基于数字服务价值的征税模式，对数字产品与服务的增值部分进行征税，确保税收公平与效率的平衡。税收政策还应具备一定的前瞻性，能够适应数字经济快速发展的变化，及时调整与完善。

（3）技术保障与行业规范

利用先进的技术手段与行业、法律规范来保障网络使用者的合法权益是数字经济政策的重要任务。在技术层面，应加大对网络安全技术研发的投入，提高网络防护能力，防止网络攻击、数据泄露等安全事件的发生。通过建立安全认证体系、加密技术标准等，确保网络交易与信息传输的安全性。在行业规范方面，制定严格的行业自律准则，引导数字企业遵守道德规范与法律法规。行业协会可以发挥积极作用，组织企业开展自我监督与评估，对违规企业进行惩戒，促进整个数字行业的健康发展。同时，加强法律规范的执行力度，对侵犯网络使用者权益的行为进行严厉打击，维护网络空间的法治秩序。

3. 积极应对数字经济政策推行的挑战

（1）平衡监管与创新

在数字经济政策推行过程中，面临着平衡监管与创新的挑战。一方面，数字经济的动态性与技术特性决定了过度或不适当的干预可能会抑制创新。因此，政策制定者需要准确把握监管的尺度，避免对市场的过度约束。可以采用 “监管沙盒” 等创新监管模式，为新兴数字业务提供一个相对宽松的试验环境，在可控风险的前提下，鼓励企业进行创新探索。另一方面，也不能因害怕影响创新而放松监管。对于一些可能损害市场竞争、侵犯消费者权益的行为，必须及时进行监管与纠正。通过建立动态评估机制，根据数字经济的发展变化，适时调整监管政策，实现监管与创新的良性互动。

（2）提升竞争执法效能

竞争执法在数字经济发展中起着重要作用，但也面临诸多挑战。针对竞争法律干预时机难以确定的问题，竞争当局应加强对数字市场的监测与分析，建立早期预警机制。通过大数据、人工智能等技术手段，实时跟踪市场动态，及时发现潜在的反竞争行为迹象。在执法策略上，可以采取事前预防与事后惩治相结合的

方式，在加强事后执法力度的同时，积极开展事前监管，对可能影响市场竞争的行为进行提前干预。对于现有竞争法律在数字经济应用中的局限性，应加快法律的修订与完善，使其更具灵活性与适应性。加强竞争执法机构的能力建设，培养具备数字经济专业知识与法律素养的执法人员，提高执法效能。

（3）加强专业人才培养与国际协作

面对数字经济政策推行过程中的专业技术知识不足与国际合作需求，应加强专业人才培养与国际协作。在人才培养方面，高校与职业院校应优化专业设置，加大对数字经济、网络安全、数据科学等相关专业的建设力度，培养一批既懂技术又懂法律与管理的复合型人才。企业也应加强内部培训，提高员工的数字素养与专业技能。在国际协作方面，积极参与国际数字经济规则制定，加强与其他国家在数字经济政策研究、执法合作等方面的交流与合作。通过国际合作，学习借鉴其他国家的先进经验，共同应对数字经济发展中的全球性挑战。

第三节　数字经济下的理论创新

一、数字经济对传统理论的冲击

当传统经济理论赖以存在的经济基础受到了数字经济的巨大冲击，数字经济下的许多问题可能无法运用传统的经济理论予以解释，传统的经济理论则需要重新审视与不断创新。总体来看，数字经济的发展给传统经济理论带来的冲击体现在对资源稀缺性、信息对称、理性人、完全竞争等基本假设与相关原理中，以及从微观、中观到宏观的基本理论，如消费者理论、生产者理论、产业经济学理论、经济增长与经济周期理论等一些具体领域的冲击。

（一）对于经济学基本假设与相关原理的冲击

1. 对经济学基本假设的冲击

（1）资源稀缺性：从相对稀缺到相对不稀缺

在传统农业经济、工业经济时代，虽然经济发展与人类物质生活水平的提高依靠于劳动者技能的提高和科学技术的发展，但更突出地表现为对自然界资源的掠夺性索取与破坏，这种发展方式不仅不可持续，造成环境的污染和资源的大量耗费，还将给下代人的生活带来负担与压力。因此，在传统经济中，各类资源的获取需要付出大量成本，再加上资源相对于人类的无穷欲望而言总是稀缺的，这就是传统经济学资源稀缺性的基本假设。然而，在数字经济时代，数据将成为最重要的关键性资源，不仅具有非排他性，可被多人同时重复利用，而且可以再生与急剧增加，因此资源的稀缺性有可能不再成为经济发展的瓶颈。但要指出的是只有经过收集、加工、整理后的数据才会变为富含价值的信息，而这中间需要耗费人力、财力与物力，所以也是有成本的，这样知识和信息特别是高价值的知识和信息仍然稀缺，可能还得为之支付高昂费用，但随着数字技术不断向前发展，获取有价值的数据可能也会更加容易，与农业经济和工业经济时代相比，数字经济时代，数据资源稀缺性可能会相对没那么严重，或相对不稀缺，但数据更多依赖于经济主体的消费、投资等经济行为。

（2）信息完全：从信息不完全到信息相对完全

在古典经济学中假设信息完全，其实传统经济学认为信息是不可能完全的，这是因为信息的获取会受到信息的分散性、获取信息的成本、人们的认识水平以及个人机会主义的限制。但在交互性和实时性更强的数字经济下，借助大数据、云计算等数字技术，人们可克服信息的分散性，降低获取信息的成本，相对传统经济时代可以更迅速、更低成本地获取各种市场信息，使得信息不对称程度比传统经济时代有所降低与弱化，但由于人们自身知识结构与认识水平的缺陷以及机会主义的存在，再加上每个追求自身利益最大化的经济人，都会在获取信息的成本与收益之间权衡，他们也做不到信息完全与信息对称，只能比传统经济时代更完全或相对完全。

（3）理性经济人：从有限理性到高度理性

在传统经济理论中，假设经济人可以不用花费任何成本就可及时获得充分的信息，也即在信息完全的情况下，人们都是追求自身利益最大化的理性人，也即经济人的完全理性假设。后来的研究发现，获取不同的信息需要花费成本甚至付出高昂的代价，经济人就会在信息完全与否之间做出选择，大多情况做不到信息完整，由此经济人的理性也做不到完全理性，而是有限理性。

然而，在数字经济时代，人、财、物等信息高度互联互通，市场信息也极为丰富，经济人能够比原来更低成本、更及时地获取较为充分的市场信息，并据此

做出更为科学和理性的决策，所以，经济人的理性将大大超出“有限理性”，变为高度理性。此外，人们通过获取到的相关信息就能够广泛得知他人的行为，从而“随大流”形成互联网的聚合行为就会成为经济人的主流选择，所谓的“流行性”越来越操控着人们的选择行为，此时的市场具有了自我放大的机制，原来市场机制发挥作用的机理已经发生了变化。例如，人们相信口碑和好评率是经过他人智慧筛选过的集成信息，但是有时获得的信息不一定是准确的，如靠对网上产品的口碑或好评率决定要不要购买，有时会不太理性，即使好评率是发自消费者内心的，不是被迫好评，不同消费者对不同产品的质量、颜色、款式的偏好都是不一样的，而仅依据口碑或好评率就决定要不要购买甚至也只能通过查看好评率来决定要不要购买，一定程度上并不能算作理性。但如果产品没有消费者的口碑或好评那么高的质量，或者是别人认为好的不一定适合自己，甚至最后有消费者发现口碑和产品不符，有不实评论，相信口碑和好评很快就会消失。所以要通过有效监管让好评和差评都能让消费者看到，确保评论的真实、客观、有效，方能表现出极强的市场信号意义。此外，分析数字经济时代人们的行为方式，除了置于经济学的市场机制框架下之外，还有赖于综合心理学、社会学等许多学科理论的融合创新，但总体来说，数字经济时代还是比传统经济下信息更加充分，人们的行为方式也会变得更加理性。

（4）完全竞争：从完全竞争到协作创新

在传统经济理论中，假定有无数个买方和卖方，把竞争作为经济人之间发生联系的重要方式，并认为竞争是完全的，即完全竞争。即使后来经多次修正，承认现实其实是竞争与垄断并存的，但总体来看，传统经济理论更多还是强调竞争；而在数字经济时代，将更多强调合作和创新，强调企业主通过与上游供应商、中游竞争对手、下游顾客的协作创新，实现“双赢”与“多赢”局面，来获取更大的市场份额，进而提升自身竞争力，以应对外部环境和激烈的市场竞争。需指出的是，名义上是平台、供应商和消费者借助平台合作，供应商和消费者通过平台桥梁发生了更紧密的联系，如消费者通过平台参与厂商的研发、设计、生产全过程，而供应商依托平台促进营销与售后服务，都脱离不了平台，产品从厂商到消费者手中虽然少了一级代理、二级代理、批发商等中间渠道，但多了一个平台，就像传统经济下离不开代理商、批发商，数字经济下厂商和消费者更离不开平台，所以不同平台之间的竞争将更为激烈，而且大的平台更容易吞并小平台，形成垄断之势。协作创新则是指平台上不同企业通过协作加速产品、流程、工艺、功能等尤其是技术的创新活动，使竞争方式发生转变，从而进一步提高产品的多样性和差异性，以此来满足消费者的个性化需求。

所以，其实一个平台生态里面的主体更多的是通过协作创新共同把“蛋糕”做大，但不同平台之间则更多的是充满“大鱼吃小鱼”的激烈竞争，而且大平台更有可能形成增加垄断之势，与传统经济下的竞争原理有很大不同。

2. 对于经济学基本原理的挑战

（1）传统经济学中的边际效用递减与数字经济学中的边际效用递增

不论是传统经济还是数字经济下的边际效用递减或递增，都应是从需求侧的角度，对消费者追求效用最大化行为的分析。

传统经济下的边际效用递减，是指随着消费者消费的商品数量的不断增加，最后增加的一单位同种同质传统产品的消费给其带来的冲击及满足感，也即效用是不断降低的。这样富人边际消费倾向低于穷人，如果整个社会能把富人的财富适当转移给穷人，则能实现社会整体效用的增强。但传统经济下的边际效用递减，强调消费者获得的是用于满足人们有限的物质需求或基本生理需要，在质量和性能上属于同质的产品。如对某一食品简单重复消费给其带来的边际效用是递减的，若消费者获得的是在质量和性能上更优的产品，随着消费数量的增加，带给其的效用应该也会递增。

数字经济下的边际效用递增，是指某一数字平台或数字产品，用户使用量或用户规模越大，由于外部性的存在，带给每个消费者的效用就会越大。例如，微信使用者的增加，就会给使用微信的人与更多的人沟通交流带来极大的便利，获得更好的协同价值，消费者的边际效用就会增加。数字经济时代，数据与财富存在的是边际效用递增的规律，即经济主体拥有富含信息的数据越多，数据的增加可能会使经济主体对相关标的了解越全面，减少信息不对称，每增加一条富含信息的数据，该主体的边际效用也就增加得越多。这里面没考虑到数据的质量问题，数据富含的信息越多信息越充分，信息不对称越小，可经济主体不但要考虑数据的数量，更要考虑数据的质量与准确性，这就有赖于对数据的筛选，进而萃取出有价值的信息。总之，不是数据量越大越好，而是高质量、更准确的数据越多越好。

可见，数字经济下的边际效用递增则是指随着消费者对满足其社会或精神的无限需求、质量、性能不断改进的数字产品的消费不断增加，给其带来的满足程度或效用是不断递增的，如消费者获得的异质或不同的知识不断增加，则会实现融会贯通，产生更大的效用，给其带来更大的满足感，进而希冀获得更多的知识，因为新知识的接受需要一定的知识基础，一个缺乏知识的人，获得新知识后可能发掘不出多少价值，但知识渊博的人新增一条知识就会发掘更多的意义，获得的知识越多累积效应就越强。但如果让消费者花同样的钱去消费同质的数字产品，给其带来的效用也会边际递减，如增加同一位歌手的数字音乐消费，消费者一定不会为第二件同样的产品付半分钱的费用，但如果是在音质上有更大的改善，消费者就愿意为之支付更高昂的费用，因为给其带来的效用更大。

所以，边际效用递增还是递减其实与数字经济没多大关系，与传统产品和数字产品也没多大关系，关键是看消费者消费的产品是在质量性能上同质还是更优，其目的是满足有限的物质与生理需求还是满足无限的精神或社会需求，是知识与技术含量较低的简单产品还是知识与技术含量更高的复杂产品。

（2）传统经济学的边际成本递增与数字经济学的边际成本递减

不论是传统经济学的边际成本递增还是数字经济学的边际成本递减规律，都是从供给侧的角度分析厂商如何供应产品，进而达到利润最大化的行为，但二者仍有差别。

传统经济学中的边际成本递增，是指假定生产产品只有两种要素，当其中一种要素固定，增加另一种要素，在两种要素达到最佳配比之前，每多增加一单位要素的边际产出是递增的，但增加到两种要素达到最佳配比之后，再增加该种要素的边际产出就是递减的，因厂商实现利润最大化都处在边际收益递减阶段，所以就把此规律叫作边际收益递减或边际成本递增规律。

数字经济下的边际成本递减。在数字经济下，与厂商供给相关的成本，一是数字基础设施的建设成本，二是富含信息和知识的数据传输成本，这两者与使用者人数没有关系，并不存在边际成本的问题。只有数据收集、处理、加工、提取成本随使用人数的增加、数据量增大，总成本才会不断递增，但边际成本是递减的，随着产品产量的不断增加，从综合设施建设、数据传输与数据加工成本来看，数字经济下，平均成本与边际成本会随着用户与产量的不断增加呈现边际递减的趋势。特别是对于软件、芯片等数字产品，第一份生产成本可能较高，之后就可以近乎零边际成本无限制地复制粘贴。

（3）传统经济下的按劳分配与数字经济下按知识和信息分配

不同于农业经济与工业经济时代的繁荣直接取决于土地、资本、劳动力和企业家才能这四大生产要素的数量与质量。在数字经济时代，富含更多信息和知识的数据成为关键的生产要素，这些数据成为数字经济直接的内驱动力。更轻资产、更重信息即知识的一些高科技公司之所以能在短短几年内创造财富神话，可能更多的功劳应归于软盘和软盘中储存的知识与信息，随着知识和信息的价值在社会生产过程中越来越得到充分的发挥，附加值将越来越多地向知识、智力密集型产业转移，国民收入及社会财富的分配也将更多地以知识和信息的含量为标准，传统经济下的按劳分配，取得的职务工资等要素报酬将更多转变为数字经济下按数据分配的知识拥有者的报酬与数字技能工资，知识就是财富，数据为王在数字经济时代将得到最完整的证明。

（4）传统经济中的正反馈与数字经济中的正反馈

传统经济中的正反馈来自供应方或生产商的规模经济，既指大公司与小企业相比规模更大，进而成本更低，更易达到规模经济，也指原有企业因新加入企业的增加形成企业集聚而导致的效益提高，使整体的供应效率提升。传统经济不同产业在早期都会经过正反馈，在达到规模经济以后，负反馈就会起引导作用。

在数字经济下的正反馈更多来自需求方的规模经济，而不仅仅是供应方。其具体是指消费者的效用会随着消费该产品的消费者数量增加而增大。例如，微信、今日头条等使用者认为其有价值是因为其被广泛使用，随着使用的人越来越多，既增加了不同的人群交流范围，同时方便来自四面八方的形形色色资讯的获得。

传统经济理论认为，各式各类企业只有达到一定的规模上限，才能实现规模经济，加深资源配置的优化程度，从而降低生产成本，提高生产效率。然而，数字经济条件下开始涌现出一些新型企业甚至是个人，这些企业和个人核心竞争力是利用拥有的技术与数据，实现持续不断的快速创新，虽然规模较小，但其创新能力和竞争能力却优于同行业中的大企业，且常出现“以小搏大”的局面。因此在数字经济时代，由于要素的变化，之前所说的劳动力、资本规模扩大表现出的规模经济越来越被拥有更多知识和信息表现出的规模经济取代。此外，在数字经济下的正反馈，供求双方有相互促进的作用，不管是供给还是需求增加，都会使

另一方增加，形成供求双方相互促进的形势。

（5）传统经济下的市场均衡与数字经济下的反均衡

①数字经济的外部性

数字经济中的网络效应具体指商品的价值取决于用户的规模，消费者从使用某一商品中得到的效益依赖于其他用户的数量，当某一消费者因其他使用者的增加导致其消费某一商品的效用增加而又不需要支付额外的报酬或补偿时，就存在正的外部性。

在网络外部性作用下，市场的效率可能遭到破坏，其主要分为以下两种情况。

第一，与传统经济一样，实际产出小于有效产出。当存在正外部性时，因其他使用者增多，消费者就消费某一商品得到的效用增加，因此他们愿意为之支付更高的价格，但生产者没能要求消费者因他们所得到的外部性收益而支付报酬，此时商品的价格低于消费者愿意支付的价格，出现生产者的供给小于消费者的需求，进而导致实际产出低于有效产出，没达到市场均衡，破坏了市场效率。

第二，与传统经济区分，次优技术占据市场。在数字经济下，一旦由于某个因素使行业内某个厂商出现了外部性，使用其产品的消费者就会不断增加，这时哪怕有更优的同类产品出现，由于消费者使用的路径依赖、锁定效应及转换成本，其也不可能在现有使用的次优产品与新出现的最优产品之间进行转换，导致次优产品与技术占据整个市场，这就扭曲了传统经济下的市场竞争机制，使市场失灵，降低市场效率，对传统经济学的一般均衡理论提出挑战。

数字经济在网络外部性与正反馈的作用下，市场变得不稳定，这种次优产品或技术占据整个市场的局面不一定能一直维持，虽然数字技术下实物流、资金流、数据流的方便快捷传递进一步促进了外部性和正反馈的形成，但同时新的标准、新的产品、新的技术也可能会更容易被传播与接受，这样就会减少消费者的路径依赖、锁定效应与转换成本，进而使原来产品的外部性大为降低，打破原来的均衡状态，正是因为数字经济下均衡状态失去唯一性，才加剧了市场的不稳定性。

②传统经济下的负反馈与数字经济下的正反馈

传统经济的负反馈是指随着厂商产品供应的增加，特别是当市场上该产品供过于求时，产品的价格就会下降，消费者的需求增加，而厂商产量降低，直至市场上出现供不应求，厂商价格就会提高，进而再增加产量，消费者需求减少，直至最后实现供求相等，这就是传统经济下的价格调节机制。

而价格调节市场供求均衡机制在数字经济下失去效力。数字经济下的正反馈是基于需求方的正反馈，而非供应方。由于数字经济外部性的存在，如阿里巴巴电商平台，随着市场占有率与市场份额的增加，用户对其竞争力更有信心，进而引起市场占有率进一步增加。相反，如果某一数字平台用户较少，使用其的消费者就会进一步减少，进而导致强者更强、弱者更弱的马太效应，进而出现垄断，这样数字经济下市场的供求关系就不会在价格机制的调节下实现均衡，甚至完全就是反均衡的。

只要市场上产量在临界点以上，供方规模越大，用户越多；则供应产品越多，边际成本也越低。越有竞争力，其规模越大，消费者对其产品的需求就越大，愿意为其支付的价格就越高，厂商就会越增加产量，进而获得巨大的超额利润，实现爆炸式增长。这样厂商的边际成本和消费者愿意支付的价格就会出现矛盾，供给曲线和需求曲线就不会有交点，整个市场找不到合适的均衡点。

相反，在市场上产量处于临界点以下，当企业规模小，产品边际成本高，而消费者因对缺乏竞争力的商品不愿意支付高价格，导致需求减少，厂商产量减少，规模越来越小，边际成本越来越高，消费者愿意为其支付的价格却越来越低，也出现一旦消费者愿意为其支付的价格与边际成本背离，厂商就得亏损直至消失。这样只要偏离均衡点，就不会出现供求曲线的相交，不会实现供求均衡。

（二）对微观经济理论的影响

1. 数字经济下消费者行为理论的变化

传统经济下是生产决定消费或以产定销，数字经济下，随着移动互联、大数据、人工智能等数字技术的不断进步，消费者借助数字平台即可实现快速消费，甚至为了实现效用最大化，得到更加适合自己需求的个性化产品，可以参与厂商从产品的研发设计到生产加工的全过程，为厂商的产品生产实践提出自己个性化的修改建议。所以传统经济下消费者只是产品的消费者而已，数字经济下消费者是发挥一部分生产者作用的产销者，传统经济下的消费者行为理论

会发生变化。

2. 数字产品不能再按边际成本定价

由于受要素资源稀缺性的影响，传统经济下厂商的规模经济难以持续，其在生产过程中呈现边际成本递增规律，故厂商为了利润最大化可以根据边际成本定价。数字经济下生产数字产品呈现出高固定成本、低边际成本的特性，厂商为了收回固定成本，不能再按边际成本定价。

虽然数字产品定价还没有形成如同传统价格理论那样简洁、普适的分析模型，但有以下几点仍值得关注：首先，数字产品和传统产品一样，其价格也会或多或少受到自身价值、生产成本甚至市场供求等因素的影响，如数字产品生产厂商，虽不能按边际成本定价，但可按边际收益和平均成本相等定价，收回固定成本，数字产品价格与传统产品的价格有相同的影响因素。其次，数字产品为知识、技术密集型产品，如研发产品，不单具有高固定成本的特性，能不能研发成功具有更大的偶然性，研发出来能不能受到青睐，受消费者主观心理评价影响较大。所以，数字产品定价时也要更多考虑研发风险、产品生命周期、长尾产品特性、营销方式、消费者偏好及大众精神与心理评价的差异性等。最后，由于数字产品与传统产品相比，消费者的主观偏好存在更大的差异，再加上数字产品具有较大的网络外部性特征，不同消费者愿意为其支付的最高价格存在较大差异，所以具有不同特性的数字产品应该采取差别化的定价策略，每种不同的产品也应依据企业市场占有策略、长期发展目标及其风险承受能力等确定自身产品的“定价规则”。

3. 数字经济下边际分析与均衡理论不再完全适用

消费者的主观效用和生产者客观成本相等的时候，也即边际效用和边际成本都等于产品价格的时候，厂商边际收益和边际成本相等便可实现利润最大化，消费者边际效用和边际成本相等可实现效用最大化，从而供求达到均衡，均衡价格也得以确立。在数字经济下，由于受需求方规模经济与供给方规模经济的共同影响，随着数字产品用户规模的不断扩大，数字产品的协同价值越来越高，最后一个加入的消费者愿意为数字产品支付的价格越来越高，而厂商的边际成本越来越低甚至为零，平均成本也在不断降低，所以数字经济下的均衡点不止一个，更不能通过边际收益与边际成本相等来找唯一的均衡点，一些学者提出要借助新兴古典经济学的超边际分析法求得多态均衡。所以，边际分析与均衡理论在数字经济下变得不再完全适用。

4. 数字经济下交易成本大幅降低

数字技术的发展，突破了现实世界的时空限制，可降低市场主体之间信息不对称程度，降低社会资源配置的成本，提高社会资源配置的效率。借助数字技术，信息流可以被低成本地无限制复制和传递。物流在大数据与云计算等数字技术支持下，可以大为简化交易流程，突破时空限制，实现24小时从厂商直接把物品交予消费者，实现买全球、卖全球完全无障碍。资金流借助数字技术，如移动支付更是会突破繁杂手续的制约，突破传统经济下汇率波动等风险，使交易成本大为降低。

5. 数字经济下企业管理理论大幅变化

数字经济时代，企业管理的计划、组织、领导与控制等环节都会受到影响，所以数字经济下企业管理理论与传统经济下有很大的不同。首先，数字经济的发展，更多强调企业与企业之间的合作，企业的经营思想与管理理念开始从单纯强调竞争向合作竞争转变；其次，因数字技术下信息获取的极大便利，不再需要更多的中间层级，企业组织结构从等级严明的科层级管理向松散的网络化管理组织转变，沟通渠道也更加顺畅，企业高管可以随时直接与普通员工对话；最后，营销方式也由传统的批发再经层层代理的分销体系向厂家依靠大数据精准营销转变，产品可直接送达消费者手中。

二、传统理论解释数字经济的适用性

（一）现有市场供求机制的适用性

随着数字技术的不断发展，数字经济下也出现了较多的新现象与新问题，将数字经济时代的新现象纳入现有的传统经济学分析框架之中，并对其进行补充与修正，设计出更有效率的市场机制，以此来优化数字经济下市场的资源配置功能也已成为学者们研究的热点问题。如传统经济学认为，只要企业产品价格远高于其成本，而消费者又别无选择时，就存在垄断。但同时也有另一种判断标准：即

使存在所谓的垄断，价格收取高出成本再多，但如果企业为客户带来的价值，或者客户得到的效用远大于支付给企业的价格，那平台就增加了消费者剩余，提升了消费者的整体福利，这些思路也被用于判断数字经济下平台企业的行为。商场如果支持银行卡付费，就需额外支付相关的手续费，但如果不支持银行卡付费，就会损失一部分消费者，貌似商场只能接受银行卡付费，存在一定的垄断，但如果因支持银行卡付费而获得的收益大于支付的额外费用，对商场来说就是自愿选择行为而不是处于垄断下的别无选择。

（二）新制度经济学的产权理论的适用性

传统经济下的产品，有的具有较强的外部性，特别是公共产品外部性更显著。由于享受到消费产品的效用却不需为之支付成本即正的外部性，所以更多人愿意搭便车。也有人因福利受到损失，却不能获得相应补偿，即受到负的外部性的影响。为了规避外部性的影响，通过确定明晰的产权，享受正外部性的消费者会为之支付一定的额外成本，而福利受损的消费者也能获得一定的补偿，从而使外部性的影响大大降低。数字经济下的产品，由于具有较强的网络外部性，随着用户规模的越来越大，产品的协同价值越来越大。其表现为随着用户规模的越来越大，消费产品给消费者带来的效用也越来越大。消费者愿意为产品本身支付更高的价格但却没有支付，即所谓直接外部性，同时，该产品互补品的供给也会越来越多，从而使互补品的价格也不断降低，使人们享受到互补品低价的效用，即为间接外部性。但不管是直接外部性还是间接外部性，均可通过明晰的产权界定使外部性得以内化，使外部性大为降低甚至消失。可见，传统经济下的产权理论，在数字经济下仍然适用。

（三）信息经济学的信息不对称理论的适用性

传统经济学下存在着信息不全面，不论是厂商之间、消费者之间还是厂商与消费者之间，都存在着信息不对称。特别是厂商与消费者之间存在着信息不对称。数字经济下，虽然消费者获取产品信息的渠道更加畅通，获取产品信息的成本更加低廉，甚至消费者可以借助数字平台为产品的设计、生产、加工提出自己的建议，参与产品生产的全过程，不可否认的是，由于专业技术要求以及对繁杂信息鉴别能力的要求，与生产者相比消费者仍然不可能像生产者一样获得与产品相关的所有准确信息，所以数字经济下仍存在着信息不完全的现象，所以信息不对称理论在数字经济下仍然适用。

（四）现有博弈论方法的适用性

在各类传统经济理论中，博弈论可算作最适宜于用来分析数字经济下的经济问题的理论了，因为数字经济下人们的决策同样不仅取决于自身，也会受到相关的其他人所作出选择的影响，这点与传统经济无异。凡是决策者的选择结果会受到其他人的决策影响时，博弈论就可大显身手。在高度互联互通的数字经济下，不同经济人之间的相互影响更加广泛与深远，数字经济下大量现实问题的解决仍然有赖于博弈论提供的理论分析框架和决策思路。

三、数字经济下的新问题与理论创新

数字经济时代，随着人工智能、3D打印等数字技术的不断发展，其在提高生产效率和生活质量方面凸显出巨大潜力，不但催生出更多的新技术、新产品与新业态，更好地满足人类不断提升的物质与精神生活需求，甚至可能颠覆人类工作、生产、生活、消费等旧的经济活动方式，对整个经济结构演进与社会秩序的提升产生积极的推动作用。与此同时，这些数字技术的不断迭代与创新也将为各国数字经济发展以及人类社会发展进程带来更大的挑战，并引发更多新的理论、政策和伦理道德问题，有的问题可以通过简单判断直接取舍，但更多复杂问题需要在理论层面加以分析研究与权衡解决。例如，数字技术对劳动技能、工作岗位、工作环境、收入水平、就业结构、代际差距甚至人类生存产生的深远影响，如何通过相关理论研究，制定相关的政策予以及时引导，如何通过分析研究做好前期规划、做好风险规避工作等都是我们要面对的问题。由此人们在享受数字技术红利的同时，如何应对数字技术发展带来的挑战也应纳入基础理论研究考虑范畴之内。

（一）就业结构的变化

无论是蒸汽革命、电气革命还是自动化革命都导致对劳动力、土地等传统生产要素的替代与社会效率的提升，数字技术革命也必然引发大量工人被资本与技术取代。尤其是人工智能等数字技术的发展使一些单一特定领域的重复性工作以

及思考模式可以被机器模拟与理性推算的工作，如话务咨询、客服代表、司机、保安等大量消失的同时，也在创造更多新的岗位，如数据分析科学家、自动化监控与维修工程师等，特别是未来就业领域对高数字素养与高数字技能工人的需求大量增加，不仅导致人类社会就业结构发生巨大变化，也会对人类教育方式、社会保障机制等领域的变革提出更多新的要求，只有适时做好相关的理论创新与机制设计才能不断满足新要求、适应新变化。

（二）就业市场的变化

随着数字技术的广泛运用，未来不只商品、服务、数据流动日益向全球化发展，不同国家的人口也会不同程度地在全球范围内实现自由流动，到时本国劳动力市场的竞争将更为激烈，本国民众不单要应付本国劳动力的竞争，还要面对外国劳动力的竞争。

（三）工作环境与收入水平的变化

数字经济时代下，数字技术在创造一些新兴职业的同时，取代了原来一部分的传统岗位与职业，但也有一部分岗位与职业是数字技术无法替代的，需要人工完成，如清洁工、卫生员等，所以数字经济下可能也会出现正式就业与非正式就业并存的局面。各行各业不同程度会出现“铁饭碗”被打破的局面，可能会导致那些从事知识技能与数据筛选、分析等工作的正规就业或正式专业技术工人，其工作环境安全性、舒适度不断提升，以及工资标准与收入水平的不断提高。如原来依靠纯人力的加工装配工作，现在只需在维修工程师操作下通过机器操作以更舒适、更省力的动作完成，甚至依靠人工智能就可自动化装配，专业技术人员只需充当运维人员。

（四）代际差距的变化

数字技术本身并不能解决温饱问题，也不会自动提升民众的生活质量。一些年轻人因传统行业的数字化、自动化、智能化改造升级遭到解雇后，由于他们头脑灵活，更容易学会与接受、使用数字技术，如通过接受在线教育等方式，经过进一步的数字素养与数字技能培训，很快就能找到适合其发展的就业岗位。其实，数字经济时代，年轻人与老年人之间的冲突不但体现在工作方面，就是在日常生活中也有体现。年轻人可快速适应移动支付、网上购物、数字问诊等现代生活节奏与方式。当数字技术已经走进、融入年轻人的生活，成为年轻人必不可少的一部分时，老年人在数字技术面前，尤其是面对更多的要求数字技能的工作就会显得力不从心，甚至无所适从，这又会导致更大的代际不公平。

（五）个人隐私数据被窃取的风险

每一种技术的进步和变革给人类带来更大便利的同时也会给民众带来危机与挑战。特别是在大数据时代，我们每个人每敲击一下键盘或是点击一下手机屏幕就会自动上传成为互联网海量信息的一部分，而与此同时也存在个人隐私数据被窃取的风险。这不但包括随着数字技术的不断进步，一些App的安装强制用户授权获取相关的位置、通讯录、个人信息等隐私数据，更为严重的是绝大多数民众因为个人隐私数据保护意识淡薄与缺乏，会不自觉地泄露自己的一些个人信息，如通过微信扫码主动提供身份证信息换礼品、大量电商包裹上的个人信息单不经处理就直接丢弃等。

（六）人类生存面临的威胁

虽然人工智能等数字技术的发展已经取得巨大进步，与数字技术有关的新模式、新形态、新产品也在持续不断的探索中，但我们仍处在弱人工智能的初级阶段，所以有些在人类眼中的基本常识，对缺乏逻辑思维、情绪感知、深入思考、持续创新等人类高级本领的智能机器人、3D打印机来说仍然是异常艰巨的任务。但是这也不能保证在不远的将来，人工智能等数字技术的不断发展仍不能超越人类智力，导致违反人类伦理道德的一系列问题，只会沦为被人类征服与利用的工具，充当人类经济社会生活中的助理与帮手的角色。如果人工智能发展成为人类的敌人，霸占人类生存空间与相关资源，就会威胁人类生存。关于人工智能等数字技术会不会威胁到人类生存，会不会导致更多的人伦与法律问题，学界、业界还存在不同的意见，正因为在这些问题上仍存在分歧与矛盾，这才需要我们通过理论研究的创新，提前做好相关探索与规划，并想好应急预案与积极应对之策，才能更好地应对未来的危险。

总之，数字经济时代，大数据、云计算、物联网、人工智能、区块链、3D打印等数字技术不断发展，在给人们的工作、生产和生活带来更多便利的

同时，会对就业结构产生冲击，甚至对整个人类的伦理道德、生存发展造成威胁，引发一系列体制机制、伦理道德和法律法规等新问题与新挑战，这必将深刻影响未来数字经济发展趋势。只有在深入了解这些数字技术带来的机遇和挑战的基础上做好数字经济相关基础理论研究，并深入突破创新，才能更好地积极利用数字技术的优势，规避数字技术带来的风险，把数字技术的价值与作用无限放大。

第二章　数字经济发展的战略决策

第一节　基础建设战略决策

一、加快企业和市场的数字化基础建设

因为信息化是数字经济发展的基础，大数据是数字经济发展的新平台、新手段和新途径，所以深入推进国家信息化战略和国家大数据战略，是加快数字经济时代企业和市场数字化基础建设的前提，是从国家和政府层面解决数字经济发展“最先一公里”的问题。

（一）深入推进国家信息化战略

当今世界，信息技术创新日新月异，以数字化、网络化、智能化为特征的信息化浪潮蓬勃兴起。全球信息化进入全面渗透、跨界融合、加速创新、引领发展的新阶段。在信息化上占据制高点，便能掌握先机、赢得优势、赢得安全、赢得未来。

1. 信息化与数字经济的关系

大数据、人工智能、虚拟现实、区块链等技术的兴起为人们带来了希望，世界各国不约而同地将这些新的信息技术作为未来发展的战略重点。数字经济引领创新发展，为经济增长注入新动力已经成为普遍共识。

从数字经济的发展历程来看，数字经济可以泛指以网络信息技术为重要内容的经济活动。因此，从某种意义上讲，数字经济也可以通俗地理解为网络经济或信息经济。

现代信息技术日益广泛的应用，推动了数字经济浪潮汹涌而至，成为带动传

统经济转型升级的重要途径和驱动力量。根据数字经济的内涵和定义分析，信息化为数字经济发展提供必需的生产要素、平台载体和技术手段等重要条件。换言之，信息化是数字经济发展的基础。具体表现为信息化对企业具有极大的战略意义和价值，能使企业在竞争中胜出，同时企业信息化的积极性最高，因此在信息化中企业占据主导地位。如近几年出现的云计算、人工智能、虚拟现实等信息化建设，均以企业为主体。数字经济的特点之一就是使信息成为普遍的商品，主要任务是跨过从信息资源到信息应用的鸿沟。信息化是个人成长、需求发布和沟通的重要通道，是社会公平和教育普惠的基础，使个人拥有了极大空间。这是因为按需生产是数字经济的一个重要特征，而要做到按照需求合理地供给，必须靠信息。信息化是提升政府工作效率的有效手段，是连接社会的纽带。政府是信息化的使用者，同时由于信息化的复杂性，政府需要对信息化加强引导和监管。

2. 加快推进国家信息化战略

在未来一段时期内，我国要想加快数字经济发展，培育经济新增长点，就必须加快推进国家信息化战略，要按照《国家信息化发展战略纲要》要求，围绕"五位一体"总体布局和"四个全面"战略布局，牢固树立创新、协调、绿色、开放、共享的新发展理念，贯彻以人民为中心的发展思想，以信息化驱动现代化为主线，以建设网络强国为目标，着力增强国家信息化发展能力，着力提高信息化应用水平，着力优化信息化发展环境，让信息化造福社会、造福人民，为实现中华民族伟大复兴的中国梦奠定坚实基础。按照《国家信息化发展战略纲要》要求，制定好国家信息化战略的时间表和路线图。

（二）加快推进国家大数据战略

云计算、大数据、移动互联网、物联网和人工智能的出现，推动了第二次信息革命——数据革命，此时期，大数据的迅速发展起到了更为关键的作用。

信息技术与经济社会的交汇融合引发了数据迅猛增长，数据已成为国家基础性战略资源，大数据正日益对全球生产、流通、分配、消费活动以及经济运行机制、社会生活方式和国家治理能力产生重要影响。尽管我国在大数据发展和应用方面已具备一定基础，拥有市场优势和发展潜力，但也存在政府数据开放共享不足、产业基础薄弱、缺乏顶层设计和统筹规划、法律法规建设滞后、创新应用领域不广等亟待解决的问题。

1. 大数据发展形势及重要意义

目前，我国互联网、移动互联网用户规模居全球第一，拥有丰富的数据资源和应用市场优势，大数据部分关键技术研发取得突破，涌现出一批互联网创新企业和创新应用，一些地方政府已启动大数据相关工作。坚持创新驱动发展，加快大数据部署，深化大数据应用，已成为稳增长、促改革、调结构、惠民生和推动政府治理能力现代化的内在需要和必然选择。

（1）大数据成为推动经济转型发展的新动力

以数据流引领技术流、物质流、资金流、人才流，将深刻影响社会分工协作的组织模式，促进生产组织方式的集约和创新。大数据推动社会生产要素的网络化共享、集约化整合、协作化开发和高效化利用，改变了传统的生产方式和经济运行机制。大数据持续激发商业模式创新，不断催生新业态，已成为互联网等新兴领域促进业务创新增值、提升企业核心价值的重要驱动力。大数据产业正在成为新的经济增长点，将对未来信息产业格局产生重要影响。

（2）大数据成为重塑国家竞争优势的新机遇

在全球信息化快速发展的大背景下，大数据已成为国家重要的基础性战略资源，正引领新一轮科技创新。充分利用我国的数据规模优势，实现数据规模、质量和应用水平同步提升，发掘和释放数据资源的潜在价值，有利于更好地发挥数据资源的战略作用，增强网络空间数据主权保护能力，维护国家安全，有效提升国家竞争力。

（3）大数据成为提升政府治理能力的新途径

大数据应用能够揭示传统技术方式难以展现的关联关系，推动政府数据开放共享，促进社会事业数据融合和资源整合，将极大地提升政府整体数据分析能力，为有效处理复杂社会问题提供新的手段。建立“用数据说话、用数据决策、用数据管理、用数据创新”的管理机制，实现基于数据的科学决策，将推动政府管理理念和社会治理模式进步，加快建设与社会主义市场经济体制和中国特色社会主义发展相适应的法治政府、创新政府、廉洁政府和服务型政府，逐步实现政府治理能力现代化。

2. 大数据与信息化、数字经济关系

信息技术与经济社会的交汇融合引发了数据迅猛增长，大数据应运而生。同

时，大数据的迅速发展又掀起了新的信息化浪潮，为信息产业和数字经济发展提供了新机遇、新挑战。

（1）大数据与信息化

与以往数据比较，大数据更多表现为容量大、类型多、存取速度快、应用价值高等特征，是数据集合。海量数据的采集、存储、分析和运用必须以信息化为基础，充分利用现代信息通信技术才能实现。大数据与信息化的关系表现在以下几个方面。

一是大数据推动了信息化新发展。大数据作为新的产业，不但具备了第一产业的资源性，还具备了第二产业的加工性和第三产业的服务性，因此它是一个新兴的战略性产业，其开发利用的潜在价值巨大。实际上，我们对大数据开发利用的过程，就是推进信息化发展的过程。因为大数据加速了信息化与传统产业、行业的融合发展，掀起了新的信息化浪潮和信息技术革命，推动了传统产业、行业转型升级发展。因此，从这个层面讲，大数据推动信息化与传统产业、行业的融合发展的过程，也就是"互联网+"深入发展的过程。"互联网+"是一种新型经济形态，利用膨胀增长的信息资源推动互联网与传统行业相融合，促进各行业的全面发展。"互联网+"的核心不在于"互联网"而在于"+"，关键是融合，即传统行业与互联网之间建立起有效的连接，打破信息的不对称，结合各自的优势，迸发出新的业态和创新点，从而实现真正的融合发展。而大数据在"互联网+"的发展中扮演着重要的角色，大数据服务、大数据营销、大数据金融等，都将共同推进"互联网+"的进程，促进互联网与各行各业的融合发展。未来的"互联网+"模式是去中心化，最大限度连接各个传统行业中最具实力的合作伙伴，使之相互融合，只有这样，整个生态圈的力量才是最强大的。

二是大数据是信息化的表现形式，或者是信息化的实现途径和媒介。在数字经济时代，信息技术同样是经济发展的核心要素，只是信息更多由数据体现，并且这种数据容量越来越大、类型越来越复杂、变化速度越来越快。所以，需要对数据进行采集、存储、加工、分析，形成数据集合——大数据。因此，大数据既是信息化新的表现形式，又是新的信息化实现的途径和媒介。

（2）大数据与数字经济

大数据与数字经济都以信息化为基础，并且均与互联网相互联系，所以要准确理解大数据与数字经济的关系，必须以互联网（更准确讲是"互联网+"）

为联系纽带进行分析。互联网是新兴技术和先进生产力的代表，“互联网+”强调的是连接，是互联网对其他行业提升激活、创新赋能的价值迸发；而数字经济呈现的则是全面连接之后的产出和效益。即“互联网+”是手段，数字经济是结果。数字经济概念与“互联网+”战略的主题思想一脉相承。数字经济发展的过程是“互联网+”行动落地的过程，是新旧经济发展动能转换的过程，也是传统行业企业将云计算、大数据、人工智能等新技术应用到产品和服务上，融合创新、包容发展的过程。由此看来，大数据是传统行业与互联网融合的一种有效的手段；同时大数据也是数字经济结果实现的新平台、新手段和新途径，推进了“互联网+”行动落地的过程，推进了新旧经济发展动能转换的过程。数字经济时代，经济发展必然以数据为核心要素。大数据加快了互联网与传统产业深度融合，加快了传统产业数字化、智能化，为做大做强数字经济提供了必要条件和手段。

二、进一步优化数字经济发展的市场环境

国家信息化战略和大数据战略的深入实施，大大提高了企业和市场的数字化基础建设的水平，分别为数字经济发展提供了重要基础和新平台。另外，数字经济的发展还需要具备良好的市场环境。

（一）加强企业数字化建设

当前，数字经济已成为经济增长的新动能，新业态、新模式层出不穷。在上次疫情中，数字经济在保障消费和就业、推动复工复产等方面发挥了重要作用，展现出了强大的增长潜力。

因此，加强企业数字化建设，是企业发展数字经济、抢占新经济“蓝海”当务之急。鼓励企业加大数字化建设投入，积极开展数字经济立法，不断优化市场环境和规范市场竞争，是加快我国企业和市场数字化创新步伐的必然要求。

（二）优化互联网市场环境

目前，市场数字化呈现快速发展趋势，但市场环境仍然不成熟。由于网络环境的虚拟性、开放性，网络恶性竞争行为更加隐蔽、成本更低、危害更大，不仅会损害个别企业的利益，还会影响到公平、诚信的竞争秩序，对数字化市场的发

展环境构成严重威胁。

因此，优化互联网市场环境势在必行。

综上所述，我国数字经济已经扬帆起航，正在引领经济增长从低起点高速追赶走向高水平稳健超越，供给结构从中低端增量扩能走向中高端供给优化，动力引擎从密集的要素投入走向持续的创新驱动，技术产业从模仿式跟跑、并跑走向自主型并跑、领跑全面转型，为最终实现经济发展方式的根本性转变提供了强大的引擎。

第二节　融合发展战略决策

一、大数据驱动产业创新发展

新形势下发展数字经济需要推动大数据与云计算、物联网、移动互联网等新一代信息技术融合发展，探索大数据与传统产业协同发展的新业态、新模式，促进传统产业转型升级和新兴产业发展，培育新的经济增长点。

（一）驱动工业转型升级

大力推动大数据在工业研发设计、生产制造、经营管理、市场营销、售后服务等产品全生命周期、产业链全流程各环节的应用，分析感知用户需求，提升产品附加价值，打造智能工厂。建立面向不同行业、不同环节的工业大数据资源聚合和分析应用平台。抓住互联网跨界融合机遇，促进大数据、物联网、云计算和三维（3D）打印技术、个性化定制等在制造业全产业链集成运用，推动制造模式变革和工业转型升级。

（二）催生新兴产业

大力培育互联网金融、数据服务、数据探矿、数据化学、数据材料、数据制药等新业态，提升相关产业大数据资源的采集获取和分析利用能力，充分发掘数据资源支撑创新的潜力，带动技术研发体系创新、管理方式变革、商业模式创新和产业价值链体系重构，推动跨领域、跨行业的数据融合和协同创新，促进战略性新兴产业发展、服务业创新发展和信息消费扩大，探索形成协同发展的新业态、新模式，培育新的经济增长点。

（三）驱动农业农村发展

构建面向农业农村的综合信息服务体系，为农民生产生活提供综合、高效、便捷的信息服务，缩小城乡数字鸿沟，促进城乡发展一体化。加强农业农村经济大数据建设，完善村、县相关数据采集、传输、共享基础设施，建立农业、农村数据采集、运算、应用、服务体系，强化农村生态环境治理，增强乡村社会治理能力。统筹国内、国际农业数据资源，强化农业资源要素数据的集聚利用，提升预测预警能力。整合构建国家涉农大数据中心，推进各地区、各行业、各领域涉农数据资源的共享开放，加强数据资源发掘运用。加快农业大数据关键技术研发，加大示范力度，提升生产智能化、经营网络化、管理高效化、服务便捷化能力和水平。

（四）推进基础研究和核心技术攻关

围绕数据科学理论体系、大数据计算系统与分析理论、大数据驱动的颠覆性应用模型探索等重大基础研究进行前瞻布局，开展数据科学研究，引导和鼓励在大数据理论、方法及关键应用技术等方面展开探索。采取政、产、学、研、用相结合的协同创新模式和基于开源社区的开放创新模式，加强海量数据存储、数据清洗、数据分析发掘、数据可视化、信息安全与隐私保护等领域关键技术攻关，形成安全可靠的大数据技术体系。支持自然语言理解、机器学习、深度学习等人工智能技术创新，提升数据分析处理能力、知识发现能力和辅助决策能力。

（五）形成大数据产品体系和产业链

围绕数据采集、整理、分析、发掘、展现、应用等环节，支持大型通用海量数据存储与管理软件、大数据分析发掘软件、数据可视化软件等软件产品和海量数据存储设备、大数据一体机等硬件产品发展，带动芯片、操作系统等信息技术核心基础产品发展，打造较为健全的大数据产品体系。大力发展与重点行业领域业务流程及数据应用需求深度融合的大数据解决方案。

支持企业开展基于大数据的第三方数据分析发掘服务、技术外包服务和知识

流程外包服务。鼓励企业根据数据资源基础和业务特色，积极发展互联网金融和移动金融等新业态。推动大数据与移动互联网、物联网、云计算的深度融合，深化大数据在各行业的创新应用，积极探索创新协作共赢的应用模式和商业模式。加强大数据应用创新能力建设，建立政产学研用联动、大中小企业协调发展的大数据产业体系。建立和完善大数据产业公共服务支撑体系，组建大数据开源社区和产业联盟，促进协同创新，加快计量、标准化、检验检测和认证认可等大数据产业质量技术基础建设，加速大数据应用普及。

二、“互联网+”推动产业融合发展

（一）推进企业互联网化

数字经济引领传统产业转型升级的步伐开始加快。以制造业为例，工业机器人、3D打印机等新装备、新技术在以长三角、珠三角等为主的制造业核心区域的应用明显加快。

1.“互联网+”树立企业管理新理念

企业互联网思维包含极致用户体验、免费商业模式和精细化运营三大要素，三大要素相互作用，形成一个完整的体系（或称互联网UFO模型）。互联网思维是在互联网时代的大背景下，传统行业拥抱互联网的重要思考方式和企业管理新理念。

互联网时代对企业生产、运营、管理和营销等诸多方面提出了新要求，企业必须转变传统思维模式，树立互联网思维模式。运用大数据等现代信息技术实现企业的精细化运营；坚持以用户心理需求为出发点，转变经营理念，秉承极少主义、快速迭代和微创新原则，实现产品的极致用户体验，如腾讯公司、360公司在用户开发方面的成功案例，即是最好例证。

2.推进企业互联网化的行动保障

政府通过加大中央预算内资金投入力度，引导更多社会资本进入，分步骤组织实施“互联网+”重大工程，重点促进以移动互联网、云计算、大数据、物联网为代表的新一代信息技术与制造、能源、服务、农业等领域的融合创新，发展壮大新兴业态，打造新的产业增长点。统筹利用现有财政专项资金，支持“互联网+”相关平台建设和应用示范；开展股权众筹等互联网金融创新试点，支持小微企业发展；降低创新型、成长型互联网企业的上市准入门槛，结合证券法修订和股票发行注册制改革，支持处于特定成长阶段、发展前景好但尚未盈利的互联网企业在创业板上市。鼓励开展“互联网+”试点示范，推进“互联网+”区域化、链条化发展。支持全面创新改革试验区、中关村等国家自主创新示范区、国家现代农业示范区先行先试，积极开展“互联网+”创新政策试点，破除新兴产业行业准入、数据开放、市场监管等方面政策障碍，研究适应新兴业态特点的税收、保险政策，打造“互联网+”生态体系。

（二）推进产业互联网化

推进产业互联网化，就是推动互联网向传统行业渗透，加强互联网企业与传统行业跨界融合发展，提高传统产业的数字化、智能化水平，由此做大做强数字经济，拓展经济发展新空间。数字经济特有的资源性、加工性和服务性，为产业互联网化提供更为广阔的空间。总体来说，产业互联网化就是推进互联网与第一产业、第二产业和第三产业的深度融合、跨界发展。产业互联网化的过程即是传统产业转型发展、创新发展和升级发展的过程。

目前，应该以坚持供给侧结构改革为主线，重点推进农业互联网化，这是实现农业现代化的重要途径；重点推进制造业互联网化，是实现制造业数字化、智能化的重要途径；重点推进服务产业的互联网化，是推进第三产业数字化发展的重要手段。大数据的迅猛发展，加快了产业“互联网+”行动进程。未来一段时间内，大数据将驱动金融、教育、医疗、交通和旅游等行业快速发展。

三、加快信息技术产业和数字内容产业发展

在数字经济时代，发达国家经济增长的决定性因素由要素投入的“规模效应”转变为知识“溢出效应”，以信息数字技术为核心的知识密集型产业正在成为新的经济增长点。我国也应该顺应知识密集型产业发展的历史潮流，加快新一代信息技术创新，积极发展数字内容产业，通过产业融合和链条经济推动产业结构升级调整。

（一）加强新一代信息技术产业发展

当前，以云计算、物联网、下一代互联网为代表的新一代信息技术创新方兴未艾，广泛渗透到经济社会的各个领域，成为促进创新、经济增长和社会变革的主要驱动力。由于我国是在工业化的历史任务没有完成的背景之下发展数字经济的，因此必须积极通过新一代信息技术创新，发挥新一代信息技术带动力强、渗透力广、影响力大的特点，充分利用后发优势推动工业、服务业结构升级，走信息化与工业化深度融合的新型工业化道路。在实践方面，中国移动、中国联通、中国电信三大电信运营商和华为、中兴等电信设备提供商在积极探索、推动以5G、无线上网、宽带接入为核心的信息通信技术的发展，并取得了一定的成果，我国的信息通信产业正在日益成熟。

（二）重视数字内容产业的发展

数字经济已经从“硬件为王”“软件为王”进入“内容为王”的时代，数字内容产业正逐渐成为增长最快的产业。然而，同数字经济发达国家比较，我国数字内容产业在产业链条、产业规划和法律环境等方面还存在一定的差距。首先，发达国家数字内容产业通常以内容产品为核心，通过产业前向和后向关联机制衍生出产业链条；国内数字内容产业则“有产无链”，没有充分发挥数字内容产业所蕴含的链条经济效应。其次，当前数字内容产业在各省份、地区蜂拥而上，缺乏国家层面的规划布局，造成重复建设、同质竞争和资源浪费，不利于产业未来做大做强。最后，国内知识产权保护意识薄弱，各种侵权行为层出不穷，严重侵害了数字内容产品开发者的利益，大大抑制了数字内容产业的创新步伐。因此，我国必须统筹制定数字内容产业发展规划，加大知识产权保护力度，以链条经济充分带动数字内容产业的发展。

总之，数字经济在我国已经扬帆起航，正在打破传统的产业发展格局。为此，政府需要从数字经济发展的平台建设、“互联网+”行动计划，重视数字内容产业发展等方面采取措施，推进新形势下我国产业结构调整，提高信息化程度，积极应对数字经济发展。

第三节　共享参与战略决策

一、弥合数字鸿沟，平衡数字资源

目前，我国数字经济发展的最显著优势是网民众多，这有利于我国成功从人口红利向网民红利转变。但是，以互联网为代表的数字革命普及和应用的不平衡的现实仍客观存在。

（一）数字鸿沟产生的影响

数字鸿沟问题之所以会引起国际社会和我国政府的广泛关注，主要是因为数字鸿沟的存在和持续扩大，会使得基于数字经济的利益分配趋向不均等化，进而产生强者愈强、弱者愈弱的马太效应。从社会资本的角度看，使用数字技术的各类主体，能够快速数字化其原有的关系网络和拓展新的关系网络，并将这些数字化的社会资本转化为新的经济社会资源。而无法使用数字技术的群体，则会因为其只能依赖原有的社会资本而被远远甩在后面。

1. 数字鸿沟使得个体机会的不均等加剧

数字化程度高的地区，学校学生可以通过互联网获取名师课程、在线习题等海量的教育资源，而对于欠发达地区的学生而言，传统的课堂学习仍是获取知识的主要渠道，这势必会进一步拉大本就已经存在的教育机会不均等。

2. 数字鸿沟使得企业竞争的不平等加剧

企业通过数字化转型，可以在市场竞争中占据优势地位，如通过建设智能工厂提升其内部的生产效率，使用电子商务增强其开拓国内外市场的能力等。传统企业由于仍是依托传统的资源禀赋，如劳动力成本优势、自然资源优势等，导致其在数字经济时代的全球竞争中处于弱势地位。

3. 数字鸿沟使得地区发展不协调加剧

从发展机会看，农村地区、中西部一些地区由于数字基础设施不完善、专业

技术人员缺乏等，难以发展人工智能、大数据、云计算等相关产业，错失了数字经济发展的重要机遇。相比于浙江、广东、福建等东部地区抢抓机遇，布局数字经济，中西部地区在数字经济大潮面前显得相对沉寂。从发展结果看，城市相比农村、东部地区相比中西部地区，数字产业化、产业数字化的程度都更高，数字化治理更完善，数据价值化挖掘也更充分。上次疫情防控过程中，健康码便是首先在杭州上线，并在推动复工复产的过程中发挥了关键作用。由此，数字经济红利分配格局呈现出城市多、农村少，东部多、中西部少的局面，这势必会进一步加重拉大本已存在的地区发展不平衡、不协调问题。

4. 数字鸿沟使得全球发展不平衡加剧

数字技术传播的过程，同样也是全球财富积累的过程，比如，微软、谷歌等互联网巨头企业的快速成长，成为美国等发达国家经济增长的重要动力源。而发展中国家则受限于自身经济发展水平和数字技术水平，一方面，很难成为数字消费国，无法享受数字技术带来的生产生活便利；另一方面，即使成了数字消费国，也很难实现从数字消费国到数字生产国的转变。这使得发展中国家在全球数字经济红利的分配中处于非常被动的地位。

（二）弥合数字鸿沟的主要途径

1. 以硬件设施升级为重点弥合“接入鸿沟”

第一，扩大数字基础设施覆盖范围。推动“数字丝绸之路”建设，持续加大落后国家和落后地区固定宽带网络和移动通信基站的建设投入，并给予充分的资金和技术援助，包括数字基础设施建设的贷款和利率优惠、数字技术专利的适度共享等。同时，创新互联网接入方法，加快全球低轨宽带互联网星座系统部署，为偏远地区提供稳定的互联网接入方式。第二，提高互联网接入质量和传输能力。鼓励宽带技术、5G通信技术的创新与应用，提高数据传输速率、减少延迟、节省能源、提高系统容量，为在线学习、视频会议、智能制造、远程医疗等领域提供关键的支撑。第三，降低宽带和移动流量套餐资费。有序开放电信市场，以市场化竞争倒逼电信企业提高运营效率，降低服务资费。鼓励电信企业面向贫困学生等用户群体提供定向流量优惠套餐，面向中小企业降低互联网专线资费。

2. 以软件服务优化为抓手弥合“使用鸿沟”

一是培育专业化的数字人才队伍。通过组织优秀人才留学访问、跨地区交流等方式，将专业人才作为数字技术传播的桥梁和纽带，吸收发达地区的先进数字技术应用经验，不断提升落后地区群众的数字技能。二是优化数字教育资源公共品供给。各国政府与国际组织应当打造全国性和全球性的数字教育资源公共服务平台，指导教师运用数字化教学设备，提升在线授课技巧；帮助学生熟悉各类数字教育软件，提升在线学习效率。三是助推传统企业数字化转型升级。政府和行业组织应当鼓励传统企业学习数字化领军企业的成功转型经验，为企业运用工业互联网平台、建设智能工厂、打造智慧供应链提供专业技术指导。

3. 数字素养培育为特色弥合“能力鸿沟”

明确角色定位，推动形成以政府机构为规划领导者，教育机构为具体执行者，社会力量为辅助者的多主体数字素养培育体系。在这个体系下，包括学生、工人在内的全体社会公民都是数字素养培育的对象。制定培育目标，构建集数字资源收集和鉴别能力、数字知识利用和交流能力、数字内容创造和输出能力、数字安全维护能力为一体的多元化培育框架。倡导有教无类，面向不同家庭背景、不同学历层次、不同工作岗位的群体，将数字素养培育融入家庭教育、学校教育、职业教育、社会教育中，打造全方位的数字素养培育模式。

二、大力倡导大众创业、万众创新

适应国家创新驱动发展战略，实施大数据创新行动计划，鼓励企业和公众发掘利用开放数据资源，激发创新、创业活力，促进创新链和产业链深度融合，推动大数据发展与科研创新有机结合，形成大数据驱动型的科研创新模式，打通科技创新和经济社会发展之间的通道，推动万众创新、开放创新和联动创新。

（一）扶持社会创新发展

数字经济是未来经济发展的新蓝海，蕴藏巨大的商机和展现更为广阔的市场。面对数字经济带来的新机遇、新挑战，政府应该帮助社会创新发展，因为只有创新才能使社会大众从数字经济的金矿里挖掘更多的“金子”。

1. 鼓励和扶持大学生和职业院校毕业生创业

实施“大学生创业引领计划”，培育大学生创业先锋，支持大学生（毕业5年内）开展创业、创新活动。通过创业、创新座谈会、聘请专家讲座等形式鼓励和引导大学生创业、创新。积极扶持职业中专、普通中专学校毕业生到各领域创业，享受普通高校毕业生的同等待遇。免费为职业学校毕业生提供创业咨询、法律援助等服务。

2. 支持机关事业单位人员创业

对于机关事业单位工作人员经批准辞职创业的，辞职前的工作年限视为机关事业社保缴费年限，辞职创业后可按机关事业保险标准自行续交，退休后享受机关事业单位保险机关待遇。

3. 鼓励专业技术人员创业

鼓励专业技术人员创业，探索高校、科研院所等事业单位专业技术人员在职创业、离岗创业的有关政策。对于离岗创业的，经原单位同意，可在3年内保留人事关系，与原单位其他在岗人员同等享有参加职称评聘、岗位等级晋升和社会保险等方面的权利。鼓励利用财政性资金设立的科研机构、普通高校、职业院校，通过合作实施、转让、许可和投资等方式，向高校毕业生创设的小型企业优先转移科技成果。完善科技人员创业股权激励政策，放宽股权奖励、股权出售的企业设立年限和盈利水平限制。

4. 创造良好创业、创新政策环境

简化注册登记事项，工商部门实行零收费，同时实行创业补贴和税收减免政策。取消最低注册资本限制，实行注册资本认缴制；清理工商登记前置审批项目，推行“先照后证”登记制度；放宽住所登记条件，申请人提供合法的住所使用证明即可办理登记；加快“三证合一”登记制度改革步伐，推进实现注册登记便利化。

5. 实行优惠电商扶持政策

依托“互联网+”、大数据等，推动各行业创新商业模式，建立和完善线上与线下、境内与境外、政府与市场开放合作等创业、创新机制。全面落实国家已明确的有关电子商务税收支持政策，鼓励个人网商向个体工商户或电商企业转型，对电子商务企业纳税有困难且符合减免条件的，报经地税部门批准，酌情减免地方水利建设基金、房产税、城镇土地使用税；支持电子商务及相关服务企业参与高新技术企业、软件生产企业和技术先进型服务企业认定，如符合条件并通过认定的，可享受高新技术企业等相关税收优惠政策。

（二）规范和维护网络安全

1. 网络安全事件类型

我国网民面临的主要网络安全事件包括网上诈骗、设备中病毒、木马、账号或密码被盗以及个人信息泄露等情况。数据使用管理不规范，个人信息安全保护不力，既损害了公众利益，影响社会安定，又打击了社会公众开放共享数据信息的信心，不利于大数据产业的长远发展，影响我国经济的转型升级。

2. 加强网络安全监管

随着移动互联网各种新生业务的快速发展，网民网络安全环境日趋复杂。当前，大数据已从互联网领域延伸至电信、金融、地产、贸易等各行各业，与大数据市场相关联的新技术、新产品、新服务、新业态不断涌现，并不断融入社会公众生活。大数据在为社会发展带来新机遇的同时，也给社会安全管理带来新挑战。

针对以上问题，应结合我国实际，借鉴国际经验，尽快启动规范数据使用和保护个人信息安全方面的立法工作。规范数据使用管理，对非法盗取、非法出售、非法使用、过度披露数据信息的行为，开展专项打击，整顿市场秩序。将个人使用数据的失当行为纳入公民社会信用记录，有效净化数据使用环境。同时还要强化行业自律，将有关内容纳入各行业协会自律公约之中，建立互联网、电信、金融、医疗、旅游等行业从业人员保守客户信息安全承诺和违约同业惩戒制度。

（三）树立共享协作意识

移动互联网平台、大数据平台和手机App等现代信息技术平台的推广运用，使社会、公众的联系愈加紧密。这也为数字经济时代社会协作发展提供了可能。

1. 积极发挥社会组织公益式孵化作用

社会组织本质上是自愿结社，具有平等共享和自发的特点。成员之间平等交流、同业互助的社会关系能够促进良性的创新思维。同时，自发成立的社会组织本身也是一种创业和创新，可以说，社会组织天然地具有创新、创业基因。为了提高创业、创新的成功概率，应该积极发挥社会组织对创业者的公益式孵化作用，弥补国家、政府、企业无法顾及的创业、创新领域。

2. 坚持共享协作发展

数字经济时代，创业创新发展不再是单兵作战、孤军奋战，而是社会全面共享协作发展。所以，创业创新发展要获得巨大成功必须充分利用移动互联网平台、手机App等数字化服务，加强政府、企业、社会共享协作发展，构建“政府引导、企业主导发展、社会共享协同参与”的数字经济发展新格局。

总之，数字经济发展成果广泛惠及社会民众，这是数字经济发展的根本。所以，弥合数字鸿沟，平衡数字资源，是社会共享参与数字经济发展的基本前提；大力倡导大众创业、万众创新战略行动，是社会共享参与数字经济发展的具体实践；规范和加强网络安全，加紧网络安全法规制度建设，是社会共享参与数字经济发展的重要保证。

第三章　数字经济中的数据要素与数字货币发展

第一节　数字经济中数据的重要性

一、"互联网 +"下数字经济中数据的普遍化发展

世界是物质的，物质是数据的，数据无处不在；同时，数据是可以被计算和量化的，这就是所谓"万物皆数据"。

从互联网到物联网，从1G到5G，所有物理世界中的事物都可以作为传感器，数据交互实时发生，这就是所谓"无处不互联"。

呈指数级增长的数据，淡化了现实与虚拟的区别，模糊了供给与需求的边界，并一步步改变着我们的生产、生活和思维方式，一步步塑造着新的经济形态、经济秩序和经济规则。这一切是怎么发生的？数据的力量来自哪里？数据的价值何在？要回答这些问题，最直接的方式是回到事情发生的原点，即解答什么是数据的问题。

（一）数据是能够被数字化传递或处理的记录

数据其实是一个带有鲜明技术色彩的概念，其内涵随着技术的更新与迭代不断延伸，尤其是信息技术的发展使数据的形式和内容都发生了巨大改变。数据曾经就是数字，但现在，文本、声音、图片、视频甚至行动轨迹等先后成为数据，而数据的应用早已跳出了"统计、计算、科学研究或技术设计"等领域的限制，深入社会经济、商业活动和人们日常生活的方方面面。

数据是能够被数字化传递或处理的记录。这里包括两层含义。一方面，数据是观察的产物，是对已经发生的行为、事件的客观或者主观的记录。这种记录可

以由人产生，也可以由机器产生；可以来自线上，也可以来自线下。另一方面，作为生产要素的数据，必须能够被数字化传递或处理，不能被数字化传递或处理的记录，无法形成产业效应、支撑社会治理和规模化商业应用以及产生显著的经济效益和社会效益。因此，虽然就存在形态而言，目前的数据有数字化的，也有非数字化的，但随着数字经济的发展，非数字化的数据会越来越少，并终将被数字化。

数据的产生依赖于记录数据的技术工具。不同时期有不同的技术工具，因此，数据的形式和内容始终处于动态变化中。我们无法预测10年后数据的形式和内容，10年前我们也预想不到现在数据的形式和内容，更不会想到，数据会成为生产要素。

（二）三类三级区分法

数据的类型繁多，目前还没有科学的分类分级规则。按照产生数据的主体和数据的来源，将数据大致分为政务数据、企业数据和个人数据三类。同时，在三类数据中，按照风险级别、商业价值和隐私程度，分为红色数据、橙色数据和绿色数据三级。

其中，红色数据风险等级最高、商业价值最大、隐私程度最强，应严格控制其使用范围，禁止其流通和交易；橙色数据次之，是流通和交易数据的主体，部分橙色数据在自愿的前提下，可以开放共享；绿色数据风险级别最低、商业价值最小、隐私程度最弱，是开放共享数据的主体，在市场有需求的前提下，可以流通和交易。

数据的分类分级可能会衍生出专业学科和岗位，三类三级区分法是笔者从易于应用的角度提出的一种解决思路，其中需完善补充之处甚多，尚需深入探讨，在此仅对三类区分法略作说明。

政务数据，即只有政府部门才有权力采集、拥有、管理和发布的数据，如财政、税收、统计、金融、公安、交通、医疗、卫生、食品药品管理、就业、社保、地理、文化、教育、科技、环境、气象等数据。政务数据具有权威、公信力强、专业化和全覆盖等特点。

企业数据，即市场机构进行商业活动或因其他需求所采集、加工、整理和拥有的数据，如电商平台、搜索引擎、社交网络平台、通信运营商、银行、支付清算组织、科技公司等拥有的数据。企业数据具有集中度高，内容丰富、精确和确权难等特点。

个人数据是自然人在网络上留下的痕迹，包括静态数据和行为数据两种类型。静态数据如姓名、年龄、性别、民族、声纹、指纹、人脸、地址、身份证号码、联系人列表、个人爱好和经济条件等；行为数据如消费、交易、评论、互动、游戏、直播、搜索和行动轨迹等。个人数据既包括自然人主动提供的数据，也包括在自然人不知情情况下被动抓取的数据。个人数据具有隐私性强、碎片化、真实和确权难等特点。

当然，在政务数据、企业数据和个人数据三种类别中，同一数据在不同类别中会有一定的交叉，需要在应用的时候具体分析。

（三）数据是21世纪的原材料

在数据成为要素的时代，数据的角色发生了改变。数据曾经是人们观察自身、社会和自然的结果，不会自动出现在我们面前。

但是，现在通过各种传感器和智能设备，越来越多的数据自动涌现，令人眼花缭乱，甚至影响人们的思维方式和学习方式。经验变得不再重要，相关关系取代因果关系成为研究的重点。在科技、研究、生产和服务等领域，数据不再只是结果，而且成为科技、研究、生产和服务等领域的对象和工具，成为科技、研究、生产和服务等领域的基础和创新源泉。这是数据的第一个特点。

数据的第二个特点是，虽然现在数据越来越容易获取，但相对而言，数据的采集、存储和处理需要较高的前期沉没投入成本，与后期使用时的可复制、可重复使用、可共享、趋近于零的交易成本形成巨大反差。这种特殊的结构和特点，可以从一定程度上解释“数据烟囱”林立、“数据孤岛”密布和数据垄断等令人无可奈何的现状。

数据的第三个特点是，数据可以被生产，不能被销毁，在物理上不会消减或腐化。因此，数据又是一种无形的、能被反复交易的生产要素。同时，数据可积累，不同数据之间具有互补性、相互操作性和可连接性。数据与数据的聚合，既可能存在规模报酬递增情形，也可能存在规模报酬递减情形。并不是数据越多，价值就越大，数据规模不是数据价值的决定因素，相对来说，数据内容和数据质量更重要。

数据的第四个特点是，数据价值具有相对性，估值困难。一方面，一些数据具有时效性，其价值随时间变化而变化；另一方面，同一组数据对不同对象、在不同场景下的价值可能大相径庭。数据的大部分价值是潜在的、未知的及不确定的，对数据价值的判断和挖掘将成为数字经济时代最重要的能力。

数据的本质，是蕴含在数据背后的信息和知识。至于数据、信息和知识三者之间的关系，我们可以从100多年前英国作家艾略特的诗歌中得到启迪（后来被提炼为DIKW模型）。简单地说，信息是经过处理的、具有逻辑关系的数据，知识是经过归纳、演绎的有价值的信息，即从数据中提取信息，从信息中沉淀知识。数据本身也许没有任何意义，但是，它是21世纪的原材料。数据天然具有技术基因，因此，作为生产要素的数据，与其他生产要素特别是技术要素相结合，可以产生巨大的价值，并赋予其他生产要素强大的能量。这是数据的第五个特点。

二、数据与新基建

经济发展离不开基础设施建设，基础不牢，地动山摇。新基建就是数字经济发展的战略基石，是赋能传统产业和新兴产业的重要支点。

数字经济始于数据要素，数据要素始于新基建。

（一）新基建是数据的基础设施

新基建是个带有时代感和中国特色的概念，是对数字经济基础设施建设的高度概括。目前，对新基建的具体指向还没有形成统一的规定。为便于讨论，这里提到的新基建，特指以物联网、云计算、大数据、人工智能和区块链等新一代信息技术为支撑的基础设施建设。这五项技术的共同点是，均围绕数据要素的全生命周期开展了一系列创新与应用，推动了数据要素的爆发性增长和大规模使用，并使数据要素产生了规模报酬递增效应。五项技术出现的时间，均远远早于新基建概念提出的时间。从理论上说，这既是个正常现象，也是件有趣的事情。

新基建的核心是增强数据采集、存储、传输和计算能力，使信息技术在各领域广泛应用。新基建是数字经济的基础设施，是数字经济发展的基石。

（二）新基建五项技术在数据应用过程中的逻辑关系

物联网、云计算、大数据、人工智能和区块链五项技术层层递进，构成了一个密不可分的处理数据的整体。数据是能够被数字化传递或处理的记录。“数字化传递或处理”，成为物联网、云计算、大数据、人工智能和区块链技术的连接纽带。

1. 物联网

物联网的定义是：通过射频识别、红外感应器、全球定位系统、激光扫描器等信息传感设备，按约定的协议，把任何物品与互联网相连接，进行信息交换和通信，以实现对物品的智能化识别、定位、跟踪、监控和管理的一种网络。

人、机、物之间的信息交互是物联网的核心。从通信对象和过程看，物联网的基本特征可概括为整体感知、可靠传输和智能处理。

整体感知——可以利用射频识别、二维码、智能传感器等感知设备获取物体的各类信息；可靠传输——通过对互联网、无线网络的融合，将物体的信息实时、准确地传送出去，以便信息交流和分享；智能处理——使用各种智能技术，对感知和传送到的数据、信息进行分析处理，实现监测与控制的智能化。

物联网即“万物相连的互联网”，是在互联网基础上进行延伸和扩展的网络，是使用传感设备把物品与互联网连接起来进行信息交换的网络，可以在任何时间、任何地点，实现人、机、物的互联互通，实现物理生产环境的智能化识别、定位、跟踪、监控和管理，提供实时、客观、海量的原始数据。物联网是数字经济和数据采集、传输的最底层信息基础设施。

2. 云计算

云计算是一种通过网络将可伸缩、弹性的共享物理和虚拟资源，以按需自服务方式供应和管理的模式。云计算有三种服务形式：基础即服务（IaaS）、平台即服务（PaaS）和软件即服务（SaaS）。

其基本技术包括虚拟化技术、分布式存储以及资源调度和管理等，异构计算、微服务、边缘计算、智能融合存储和意图网络等技术是下一代云计算技术的发展方向。

经过多年实践，目前，云计算已经完成了对计算资源和存储资源的软件定

义，发展成一种公共计算服务。

云计算本质上是将具备一定规模的IT物理资源转化为虚拟服务的形式，并将其提供给消费者，具有可靠性和可扩展性。云计算改变了IT设施投资、建设和运维模式，降低了IT设施建设和运维成本，提升了IT设施承载能力，并凭借强大的计算能力和海量的存储能力，通过数据集中汇聚，形成“数据仓库”，实现数据的集中管理，提升了数据的共享程度。

3. 大数据

大数据的定义是：一种规模大到在获取、存储、管理、分析等方面大大超出传统数据库软件工具能力范围的数据集合。其技术特点是，对海量数据进行分布式挖掘，但必须依托云计算的虚拟化技术、分布式处理和分布式数据库等。

大数据的主要技术包括数据的采集、储存与清洗、查询与分析以及可视化展示等四类技术。随着技术的成熟，大数据开始向商业、科技、医疗、教育、经济、交通、物流等领域渗透。

大数据的意义不在于掌握庞大的数据，而在于对庞大的数据进行专业化处理。大数据具备随着数据规模扩大进行横向扩展的能力，可以将结构化数据、非结构化数据、业务系统实时采集数据等，以分布式数据库、关系型数据库、非关系型数据库等数据存储计算技术进行分类存储、计算、管理以及高效实时的处理，剔除没有价值的数据，提炼不同的特征，对汇聚和存储的海量数据进行归纳、挖掘、分析和总结。

4. 人工智能

人工智能（AI）是一门结合了自然科学、社会科学、技术科学的新兴学科。人工智能的本质是完成机器对人的思维模拟、延伸和扩展，具体体现在计算智能、感知智能与认知智能三个方面。

人工智能主要研究方法的发展主要分为以下几个阶段：①20世纪40年代到50年代，依托于大脑模拟，制造出使用电子网络结构的初步智能；②60年代，符号处理法出现；③80年代，子符号方法出现；④90年代，统计学法出现；⑤90年代后期，结合上述方法衍生出集成法；⑥21世纪至今，随着硬件计算能力的提升，自动推理、认知建模、机器学习、深度神经网络（DNN）、专家系统、深度学习、语音识别、图像识别、自然语言处理相关技术的提升及运用，使人工智能在经历多次低谷后开始进入持续爆发期。

深度学习是人工智能的关键技术，而深度学习正是在物联网、云计算和大数据日趋成熟的背景下，才取得了实质性的进展，信息技术相互融合、相互依赖和相互促进的关系及重要性也由此可见。

算法、算力与数据是人工智能崛起的主要原因。目前，人工智能的智慧化、通用化程度仍有待提升，在跨领域等复杂场景中的处理能力仍显不足，与脑科学、神经科学、数学等学科的交叉研究，将成为人工智能进一步发展的方向。

人工智能凭借机器学习、自然语言处理、生物识别、语音技术等关键技术，对数据进行智能分析和决策，有助于解决物联网设备之间各种通信协议不兼容的问题，提高数据采集与处理的质量和人机交互能力。

5. 区块链

区块链也称分布式账本，是由包含交易信息的区块从后向前有序连接起来的数据结构。区块链不是一项单独的技术，而是现有技术的集成式创新，这些技术早已出现。目前，区块链主要应用在数字货币、溯源、存证、供应链金融、跨境交易和资产数字化等领域。

区块链主要分为公有链、私有链、联盟链和许可链四类，已经发展为一种新型基础架构和计算范式。但要实现区块链的规模产业应用，还要在共识网络下高吞吐及低延时的交易处理能力、链上数据安全及隐私保护、低成本分布式存储以及区块链之间的兼容性和可操作性等方面取得重大突破。

区块链的本质，是在数字经济时代构建以技术为背书的全新信任体系。

区块链具有分布式存储、去中心化、数据不可篡改的特点，区块链上的数据按照时间顺序形成链条，具有真实、可追溯等特性。

信任在任何时候都是商业得以进行的基础，区块链有助于人工智能实现契约管理，并提高人工智能的友好性。从逻辑关系看，物联网可以广泛感知和采集各种数据，起到数据获取的作用；云计算可以提供数据的存储和处理能力，起到数据运算的作用；大数据可以管理和挖掘数据，从数据中提取信息，起到数据分析的作用；人工智能可以学习数据，将数据变成知识，起到数据智能的作用；区块链则以技术构建了一个新的信任体系，可以使人们在素不相识的情况下，开展商

业活动，进行价值交换，起到数据信任的作用。

简而言之，即物联网提供数据获取，云计算提供数据设备，大数据提供数据分析，人工智能提供数据智能，区块链提供数据信任，五项技术层层递进，构成了一个处理数据要素密不可分的整体。

三、数据在数字经济中的价值

遗忘是人的天性，但互联网可以帮你记忆，而且是以数据的形式留存。虽然我们不知道未来数据的形式和内容，但我们相信，与现在看起来数量巨大的数据相比，未来数据才是江河大海，取之不尽，用之不竭。

孤立的数据没有价值，数据的价值在于可计算、可量化和可流动。信用曾经是一种道德评价，现在却成为可以进行实时分析和商业利用的数据。当所有的经济活动、日常行为和社会管理活动，都转变成数据的时候，数据就不再只是原材料，而且将是最有价值的商品和生产要素了。

在数字经济时代，数据具有长期的价值，可以长久保存。这里的“价值”，泛指人或物表现出来的正面作用和积极意义，而非特指经济学中商品的性质。具体来说，数据在数字经济中的价值主要体现在以下三个方面。

（一）数据是数字经济的基础与核心

基础和核心是两个容易混淆的概念，但两者的指向意义不同。比如，可以说支付是商业银行的基础性业务，但不能说支付是商业银行的核心业务。实际上，10年前，商业银行是将支付等业务外包出去的，这也是我国第三方支付行业发展起来的重要原因之一。即便是现在，支付业务的收入也仅占商业银行利润的很小一部分，仍没有成为商业银行的核心业务。对数字经济来说，数据既是基础，也是核心。没有数据，数字经济将成为无源之水、无本之木，数据和数字经济须臾不可分离。新基建是数字经济发展的基本条件，起着支撑数据作为生产要素的作用。数据不但是数字经济发展的基础，也是新基建发展的基础。

就核心而言，数据可以赋能各类市场主体，发挥乘数效应，促进信息化的深入渗透，成为商品价值的有机组成部分，形成经济决策的数据驱动，催生新的经济形态和商业模式，激发组织变革和制度创新。数据不但改变了经济增长结构，而且提升了经济增长质量。

（二）数据是数字经济发展与创新的动力与引擎

数据叠加新基建，很大程度上降低了数据采集、传送、存储、处理和应用的门槛，打破了信息获取的时间和空间限制，促进技术创新跨地域、跨系统、跨业务高效融通，提升了技术创新的速度和维度，形成发展新动能，推动新兴技术在各行各业的应用，为社会经济增长提供内生动力。

数据是企业和社会的重要战略资源，可以带来科学理论的突破和技术的进步，提高劳动生产率。作为引擎，数据驱动型创新正在向科技研发、经济社会等各个领域扩展，成为国家创新发展的关键形式和重要方向。

（三）数据可以促进传统产业的转型升级与效率提升

第一产业构成了农业社会的主要经济形态，第二产业构成了工业社会的主要经济形态，第三产业构成了现代社会的主要经济形态。

随着经济的发展和进步，大规模物质生产的经济增加值所占比重越来越小，传统生产要素对经济增长的拉动作用逐渐减弱。从理论和实践看，所有产业都会从数据的发展中受益，传统产业数字化转型产生的价值远远大于成本。数据不仅为数字经济服务，还可以为传统产业服务，助力传统产业的转型与效率提升。

数据通过融入生产经营各环节，优化企业决策和运营流程，提升劳动、资本等传统要素的投入产出效率和资源配置效率，实现对传统要素价值的放大和倍增。以数据赋能为主线，对产业链上下游的全要素进行数字化升级、转型和再造，提高传统行业的运营效率以及与市场动态接轨的能力，带动传统产业的升级和生产组织模式的转变，推动传统行业的改造和革新。

数字经济一定是市场经济，它不但不会替代工业经济和农业经济，而且可以反哺工业经济和农业经济，提升商品品质和产出效率。

第二节　数据要素与数字经济的发展

一、数据要素拓展生产与效用空间

数据生产的高成本和使用的低成本具有对外排他性和非竞争性使用的双重属

性，表现出俱乐部产品的特点。从始至今，数据生产体系经历了重大变革。原有的数据生产是由专业知识团体开展的专业活动，从记账符号开始，形成了记账层级体系。互联网革命改变了原有的生产体系，数据的规模使用促进了数据的大力发展。人人都可以参与数据生产和数据使用，每个人或企业都自动成为网络中的数据标识，互动数据的生产关系打破了分层化的生产体系，数据的大规模生产和使用促进了数据的指数化发展，数据成为新的生产要素。同样，数据要素介入经济生活，它的意义已经超过了单一的生产要素投入，而把新的“智能”带入了物质世界和人的意识活动。

数据要素不是简单地拓展物质生产空间，作为信息，它还智能化地拓展生产体系和消费者的效用空间，即拓展非物质空间。随着人们收入的不断提高，物质消费占比不断下降，服务业消费占比逐渐提高，这是基本的需求规律。新的效用评价一是在时间价值维度纳入新的衡量角度，二是将新的思维空间纳入效应衡量。服务业具有规模递减特征，从产业升级的角度看，产业升级从农业到制造业，再到服务业以及服务业的再升级，从体验—互动经济，进一步到达知识—智慧经济等。人类的产业升级将逐步脱离对物质世界的依附，不断升级到人的精神发展层面。数据要素的加入正是基于此，促进新旧产业改造和再升级。一方面，数据化改变传统制造业，奠定物联网基础；另一方面，服务业基于数据化进行全球贸易改造，更重要的是通过互联网的互动过程不断形成新的知识与智慧，推动产业向体验—互动经济升级，进一步迈向知识—智慧经济。

数据作为新的活跃要素，不断促进消费者脑空间的拓展。新的生产体系和效用体系不仅包括“边际效用递减”的一般物品和服务规律，还开启了新效用空间，扩宽人类“边际效用递增”的新思维需求空间和与之配套的生产空间，迈向产业升级。

人们现有的需求只存在于实坐标中，还有三个“象限”没有开拓，更不用提“象限”组合了。现在，增强现实技术（AR）等大量体验——活动的技术开发的目的就在于拓展人们的思维模式，而AI的智能化发展也在拓展物质智能，即自动应答。

基于数据的战略思维是：不但要依据数据扩张物质世界，而且要依托数据扩张非物质世界。物质世界具有三个思维维度：一是重力思维，世界具有物质性；二是三维空间思维，空间确定；三是单向时间思维，有一个固定走向。未来基于数据开拓的三个非物质的虚拟维度：第一是无重力的非物质状态，即比特世界，具象可呈现，但非物质；第二是非三维空间，增加了意识维度等多维空间，如梦的多层次通过任意维度进行三维投影嵌套；第三是时间的非单向性和自动应答性。新的虚拟三维与物质世界的老三维相比，拓展了至少三倍的市场与生产空间组合。这是数据要素对传统生产与效用空间的颠覆与拓展。

在现实产业改造中，中国最具潜力的发展方向是基于数据的服务业改造，从不可贸易部门转变为不需要任何物流的完全可贸易部门，如金融、知识产权、教育、远程医疗、视频会议等。因此，数字化将实现服务业的可贸易，有助于我国服务业的规模化发展，提升中国服务业的全球竞争力水平，而基于数据转型的服务业也将进一步推动中国经济增长。

未来的技术进步一定要沿着新的生产性质而改变。新的生产性质从为物质变到为人的全面发展服务：①节约人的劳动时间，如AI；②提升人的单位时间消费质量，如脑科学、教育、AR、体育、表演等；③延长人的寿命，如医疗、制药；④可持续性发展与社会责任承担，如绿色发展成为生产和生活方式的标准；⑤重新定义人的关系网络，如移动互联网、区块链等交互式链接关系。

数据要素是中国未来全球化竞争能力的根本，而不是简单的物质能力。数据作为生产要素和效用要素的新拓展，需要制度层面的相应改革，如知识产权、隐私计算、数据资产认证、公共治理、人的关系按互联网或区块链定位等领域的相关改革。缺少相应的制度体系，没有人的广泛参与或治理，数据很难作为新型生产要素拓展生产和效用空间，数据要素也会因体制问题束缚于物质，不能充分发挥其竞争力。

二、建立合规有效的数据要素市场

（一）数据要素的技术和经济学特征

1. 数据的技术特征

第一，智慧、知识、信息和数据之间依次存在从窄口径到宽口径的从属关系。从数据中可以提取信息，从信息中可以总结知识，从知识中可以提升智慧。这些提取、总结和提升都不是简单的机械过程，而需要依靠不同方法论和额外输

入（如应用场和相关学科的背景知识）。因此，尽管信息、知识和智慧属于数据范畴，却是“更高阶”的数据。

第二，数据是观察的产物。观察对象包括物体、个人、机构、事件以及他们所处的环境等。观察是基于一系列视角、方法和工具进行的，并伴随着相应的符号表达系统，如度量衡单位等。数据就是用这些符号表达系统记录的观察对象特征和行为的产物。数据可以采取文字、数字、图表、声音和视频等形式。在存在形态上，数据有数字化的，也有非数字化的（如记录在纸上）。但随着信息和通信技术（ICT）的发展，越来越多的数据被数字化，在底层表示为二进制。

第三，数据经过认知过程处理后得到信息，给出关于谁（Who）、什么（What）、何处（Where）和何时（When）等问题的答案。信息是有组织和结构化的数据，与特定目标和情景有关，因此，具有特定的价值和意义。比如，根据信息论，信息能削减用熵度量的不确定性。

第四，与数据和信息相比，知识和智慧更难被准确定义。知识是对数据和信息的应用，给出关于如何做（How）的答案。智慧则有鲜明的价值判断意味，在很多场合与对未来的预测和价值取向有关。

一般而言，数据的技术特征主要包括以下维度。

①数据涉及的样本分布、时间范围和变量类型等。

②数据容量，如样本数、变量数、时间序列长度和占用的存储空间等。

③数据质量，如样本是否有代表性，数据是否符合事先定义的规范和标准，观察的颗粒度、精度和误差，以及数据完整性（如是否有数据缺失情况）等。

④数据的时效性。鉴于观察对象的特征和行为可以随时间变化，数据是否还能反映观察对象的情况?

⑤数据来源。有些数据来自第一手资料，有些数据由第一手观察者提供，还有些数据从其他数据推导而来；数据既可以来自受控实验和抽样调查，也可以来自互联网、社交网络、物联网等；数据可以由人产生，也可以由机器产生；数据既可以来自线上，也可以来自线下。

⑥数据类型，包括数字化的和非数字化的，结构化的和非结构化的，以及存在形式（文字、数字、图表、声音和视频等）。

⑦不同数据集之间的互操作性和可连接性，如样本ID是否统一，变量定义是否一致，以及数据单位是否一致等。

⑧是否为个人数据。个人数据在隐私保护上有很多特殊性，需要进行专门讨论。

2. 数据的经济学特征

与数据的技术特征相比，数据的经济学特征要复杂得多。数据可以产生价值，因此，具有资产属性。数据的资产属性兼有商品和服务的特征。一方面，数据可存储、转移，类似商品。数据可积累，在物理上不会消减或腐化；另一方面，很多数据是无形的，类似服务。

非竞争性，指当一个人消费某种产品时，不会减少或限制其他人对该产品的消费。比如，阳光和空气。换言之，该产品每增加一个消费者，所带来的边际成本约等于0。大部分数据可以被重复使用，并不会因此降低数据质量或容量，并且可以在同一时间被不同人使用，因此，数据具有非竞争性。

非排他性，指当某人在付费消费某种产品时，不能排除其他没有付费的人消费这一产品，或者排除的成本很高。很多数据是非排他性的，比如，天气预报数据。但通过技术和制度设计，有些类型的数据具有了排他性。比如，一些媒体信息终端采取付费形式，只有付费会员才可以阅读。

由此可见，很多数据属于公共产品，可以由任何人为任何目的而自由使用、改造和分享。比如，政府发布的经济统计数据和天气预报数据。一些数据是俱乐部产品，比如，收费媒体信息终端。大部分数据是非竞争性的，因此，属于私人产品和公共资源的数据较少。公共资源和俱乐部产品也被合并称为准公共产品。数据一般作为公共产品或准公共产品而存在。

数据的所有权不管在法律上还是在实践中，都是一个复杂的问题，特别是在涉及个人数据时。数据容易在未经合理授权的情况下被收集、存储、复制、传播、汇集和加工，并且伴随着数据的汇集和加工，会产生新数据。这使得数据的所有权很难界定清楚，也很难被有效保护。在互联网经济中，互联网平台记录了用户的点击、浏览和购物历史等非常有价值的数据。尽管这些数据描述了用户的特征和行为，但不会如同用户个人身份信息那样由用户对外提供，因此，很难说由用户所有。这些由互联网平台记录和存储的数据与用户的隐私和利益息息相关，又很难任由互联网平台在用户不知情的情况下使用和处置，所以互联网平台也不拥有完整产权。因此，在隐私保护中，需要精确地界定用户作为数据主体以

及互联网平台作为数据控制者的权利，密码学技术可以在权利界定中发挥重要作用。

（二）数据价值的内涵和计量

1. 数据价值的内涵

数据价值可以从微观和宏观两个层面理解。在微观层面，信息、知识和智慧既可以满足使用者的好奇心（作为最终产品），又可以提高使用者的认知，帮助他们更好地进行决策（作为中间产品），最终结果都是提高他们的效用。数据对使用者效用的提高，就反映了数据价值。在宏观层面，信息、知识和智慧有助于提高全要素生产率，发挥乘数效应，这也是数据价值的体现。

微观层面的数据价值，有以下关键特征。

（1）同样的数据对不同人的价值大相径庭

第一，不同人的分析方法不一样，从同样的数据中提炼的信息、知识和智慧可以相差很大。在科学史上，很多科学家深入研究了一些大众习以为常的现象并取得了重大发现。比如，牛顿对重物落地的研究，富兰克林对闪电的研究，拉曼对海水颜色的研究，与经济学家对同样的经济数据经常进行不一样的解读。

第二，不同人所处的场景和面临的问题不一样，同样的数据对他们起的作用也不一样。同样的数据，对一些人而言可能没有任何价值，对另一些人而言则可能是宝藏。比如，考古发现对历史研究者的价值很大，但对金融投资者则很可能没有什么价值。

另类数据包括个人产生数据、商业过程数据和传感器数据等。这些数据能帮助投资者进行投资决策，但对非金融投资者则没有太大价值。不同的人可以在不同时间维度上使用数据，如有评估过去的，有分析当前的，有预测未来的，还有做回溯测试的。使用目的不同，对数据的要求不一样，同样的数据就意味着不同的价值。

第三，不同制度和政策框架对数据使用的限定不一，也会影响数据价值。换言之，数据价值内生于制度和政策。比如，不同国家对个人数据的保护程度不同，个人数据被收集和使用的情况以及产生的价值在国家之间存在很大差异。我国排名靠前的互联网平台基于用户行为数据推出了在线信贷产品，这在其他国家则不常见。

（2）数据价值随时间变化

第一，数据具有时效性。很多数据在经过一段时间后，因为不能有效地反映观察对象的当前情况，价值会下降。这种现象称为数据折旧。数据折旧在金融市场中表现得非常明显。比如，一个新消息在刚发布时可以对证券价格产生很大影响，但等到证券价格反映这个消息后，它对金融投资的价值就急剧降到0。在DIKW模型中，将数据提炼为信息、知识和智慧，并且提炼层次越高，就越能抵抗数据折旧。

第二，数据有期权价值。新机会和新技术会让已有数据产生新价值。在很多场合中，收集数据不仅是为了当下的需求，还为了提升未来的福利。

（3）数据会产生外部性

第一，数据对个人的价值称为私人价值，数据对社会的价值称为公共价值。数据如果具有非排他性或非竞争性，就会产生外部性，并造成私人价值与公共价值之间的差异。这种外部性可正可负，没有定论。

第二，数据与数据结合的价值，可以不等于它们各自价值之和，是另一种外部性。但数据聚合是否增加价值，并没有定论。一方面，可能存在规模报酬递增情形，如更多数据更好地揭示了隐含的规律和趋势；另一方面，可能存在规模报酬递减情形，如更多数据引入更多噪声。总体来说，数据容量越大，数据价值不一定越高，数据内容在其中发挥了很重要的作用。

2. 数据价值的计量

（1）绝对估值

第一，成本法，就是将收集、存储和分析数据的成本作为数据估值基准。这些成本有软件和硬件方面的，也有知识产权和人力资源方面的，还有因安全事件、敏感信息丢失或名誉损失而造成的或有成本。数据收集和分析一般具有高固定成本和低边际成本特征，从而具有规模效应。成本法虽然便于实施，但是很难考虑同样的数据对不同人、在不同时间点以及与其他数据组合时的价值差异。

第二，收入法，就是评估数据的社会和经济影响，预测由此产生的未来现金流，再将未来现金流折现到当前。收入法在逻辑上类似公司估值中的折现现金流法，可以综合考虑到数据价值的三个关键特征，在理论上比较完善，但实施中则

面临很多障碍。一是对数据的社会和经济影响建模难度很大，二是数据的期权价值如何评估。实物期权估值法是一个可选方法，但并不完美。

第三，市场法，就是以数据的市场价格为基准，评估不在市场上流通的数据价值。市场法类似股票市场的市盈率和市净率估值方法。市场法的不足在于，很多数据是非排他性或非竞争性的，很难参与市场交易。目前，数据要素市场进行了一些尝试，但由于市场厚度和流动性不足，因此，价格发现功能不健全。

第四，问卷测试法。这个方法主要针对个人数据，通过问卷测试个人愿意出让或购买数据的价格期望，从而评估个人数据的价值。这个方法应用面非常窄，实施成本较高。

（2）相对估值

数据相对估值的目标是，给定一组数据以及一个共同的任务，评估每组数据对完成该任务的贡献。与绝对估值相比，相对估值要简单一些，特别是针对定量的数据分析任务。

数据相对估值说明，同一数据在用于不同任务、使用不同分析方法或与不同数据组合时，体现出的价值是不同的。特别是偏离数据集合“主流”的数据，在相对估值上可能比靠近数据集合“主流”的数据高，这显示了“异常值”的价值。

第三节　数字货币理论基础

一、数字货币的演变：区块链及其特征

数字货币与之前的货币形式相比，最大的创新之处在于数字货币有了全新的技术支撑，这一技术支撑就是区块链技术。

（一）区块链的概念

区块链是指一个分布式可共享的、通过共识机制可信的、每个参与者都可以检查的公开账本，但是没有一个中心化的单一用户可以对它进行控制，它只能够按照严格的规则和公开的协议进行修订。其通过去中心化的、无须信任积累的信

用建立范式，并集体维护一个可靠数据库，形成一种几乎不可能被更改的分布式共享总账。

（二）区块链的特征

从数据的角度看，区块链能实现数据的分布式记录（系统参与者集体维护）和分布式存储（所有节点可以选择保存数据）；从效果的角度看，区块链可以生成一套按照时间先后顺序记录的、不可篡改的、可信任的数据库，且这套数据库不是存储在某一个中心服务器上的。所以，区块链技术就是通过去中心化、去信任和加密算法来维护这套分布式数据库运转的技术。概括起来，区块链有以下五大特征。

1. 去中心化

由于使用分布式核算和存储，不存在中心化的硬件或管理机构，任意节点的权利和义务都是均等的，因此，系统中的数据块由整个系统中具有维护功能的节点来共同维护。

2. 开放性

系统是开放的，除了交易各方的私有信息被加密外，区块链的数据对所有人公开，任何人都可以通过公开的接口查询区块链数据和开发相关应用，因此，整个系统的信息高度透明。

3. 自治性

区块链采用基于协商一致的规范和协议（如一套公开透明的算法）使得整个系统中的所有节点能够在去信任的环境自由、安全地交换数据，使得对“人”的信任变成了对机器的信任，任何人为的干预都不起作用。

4. 信息不可篡改

一旦信息经过验证并添加至区块链，就会永久地存储起来，除非能够同时控制住系统中超过51%的节点，否则，单个节点上对数据库的修改是无效的，因此，区块链的数据稳定性和可靠性极高。

5. 匿名性

由于节点之间的交换遵循固定的算法，其数据交互是无须信任的（区块链中的程序规则会自行判断活动是否有效），因此，交易对象无须通过公开身份的方式让对方对自己产生信任，对信用的累积非常有帮助。

二、数字货币的优势与不足

数字货币发展到现在，已经具备了许多之前的货币形式所没有的优点，但同时我们应该注意到，现今存在的数字货币仍然有一些缺点。如果不将这些缺点加以改善的话，数字货币就无法大规模流通，也就无法真正地为公众与社会服务。

（一）货币的五大职能

要想对数字货币形成深刻的理解，使其有效发挥作用，就要涉及货币的五大职能，从货币的五大职能中来分析数字货币在未来的有效作用。未来数字货币的主要职能是支付职能，支付职能的发挥，会使整个社会交易活动变得更为简洁、安全、便利。货币的五大职能如图3-1所示。

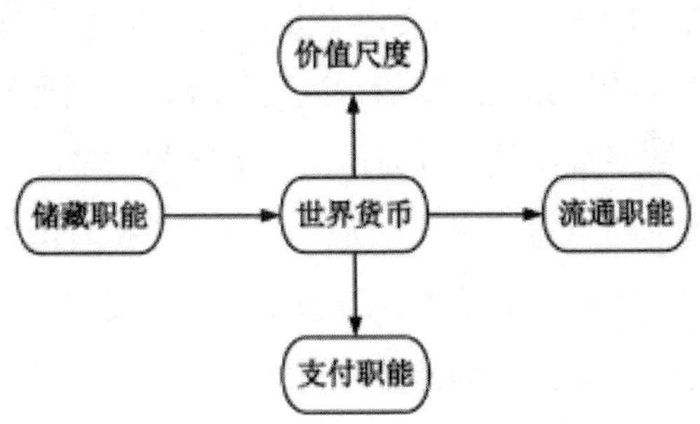

图3-1　货币的五大职能

在这五大货币职能中，数字货币的优势与不足并存。数字货币的优势在于对流通职能和支付职能的有效发挥，其不足是币值不稳定等矛盾。由于存在这样的不足，因而，现行的各种商业圈的数字货币，难以成为一种有效的支付手段，大多数国家将其限制在商品交易的范围内，就其货币的本质讲，不具有货币的支付职能。

具有实物形态的“天然黄金”虽然具有世界货币的职能，但其在各国的金融管理体制中已不再发挥流通职能作用，而数字货币只是一种虚拟货币，不能与实物形态的黄金等值。从货币的本质上看，数字货币是一种信用的管理工具，与各国的法定纸币具有同等的信用管理作用。

（二）数字货币的优势

数字货币一旦成为一种现实的货币，最大的优势是降低交易成本，增强价值交易的可连续追踪价值，可提升微观经济管理水平，更可提升宏观经济的预警能力。

从现行的微观交易成本看，电子货币在网上银行的转账交易中，不但要对每一笔转账收取一定的手续费，而且转账指令下达后，转账金额并不能即时到达目标账户；ATM机的取款或存款服务在跨行或者跨区时，也会收取手续费。因此，为了节约这笔手续费我们常常选择到银行柜台进行存取款操作，但这又增加了我们的时间成本。

具体来说，数字货币具有以下优势。

1. 公平性

数字货币是公平的货币。数字货币不是由某一国家发行的，它并没有特定的发行机构，而是依靠特定算法产生的，这就意味着无法通过操纵发行数量来操控数字货币，因此，数字货币是一种自由的、无国界的货币。目前各国发行的货币除了发挥货币最基本的流通功能外，无一例外地承担着国家调控宏观经济的职能，而这往往伴随着通货膨胀的发生。阻止通货膨胀具有无可比拟的重要意义，不但因为漫长而严重的通货膨胀本身会带来危害和痛苦，而且因为即使是温和的通货膨胀，最终也会造成周期性的萧条与失业。

2. 安全性

数字货币的安全系数更高。纸币虽然便于人们日常生活交易，但是有被偷盗以及收到假币的风险；数字货币虽然可以避免这些风险，但是会遇到诸如银行卡被盗刷、信用卡诈骗等新的问题；数字货币则可以避免以上问题。

3. 私密性

数字货币的交易可以实现匿名交易。

（三）数字货币的不足

数字货币除了以上主要优势外，还有以下不足。

第一，不稳定性。数字货币的币值不稳定。

第二，交易平台脆弱。

然而，目前的交易平台行业存在严重的恶性竞争趋势，在有限的投资者资源争夺上，多采取零和博弈的竞争方式，免征手续费就是一个典型例证，其结果是所有交易平台的盈利空间被大大压缩，直接助长了市场内的投机操盘行为。更重要的是，在免征手续费的情况下，交易平台的自营动机大大强化，在缺乏监管约束的情况下，自营操盘内幕被普遍质疑，直接损害了交易平台赖以生存的信誉，进而产生了损害这个行业的长期效应，导致交易市场的非技术性安全问题一直存在。此外，交易平台包括数字货币的存储、交易等技术问题十分突出，几乎所有的交易平台都遭受过黑客的攻击而导致服务中断。虽然交易平台加大了对安全技术的投入，提高了安全保障级别，但就目前看，数字货币交易平台还很脆弱，安全性还有待提高。

三、数字货币的发展现状与改善方向

（一）数字货币的发展现状

目前，数字货币的交易主要是进行短期投资交易，短期投资交易也是吸引参与者最多的领域。数字货币在交易平台上集中进行交易，类似于股票交易所一样。设立交易平台的投资门槛并不高，但大型交易市场的承载负荷和安全防范措施的设置，则要求有较大规模的投资需求。交易平台的盈利模式主要是收取交易手续费，部分平台也开展了风险较高的自营套利的方式，以保证平台的运转与盈利。

许多从业者甚至投资者对数字货币的青睐，不是基于对数字货币的正面肯定，也不是基于对数字货币理念的信心，而是基于短期投机的机会。相当多的投资者甚至连比特币是什么都不清楚就盲目参与炒作，这在比特币价格高速增长时已是普遍现象。而在数字货币圈内也不乏怀疑论者，许多投资行为仅限于当下机会，在行动上对短期利益多持急于兑现的态度。如此，当然不能指望投资布局向纵深延伸。因此，无论是在深度还是广度上，民众都缺乏对数字货币的系统研究，也正是这个基础层面的缺失，使得深层的延伸开发及其服务系统的构建难有起色。

目前的数字货币发展现状并不代表今后的走向。数字货币是有其自我发展趋势的，无论目前的发展情况如何，它都有自身发展和演进的规律，不会只停留在目前初级应用阶段。随着对数字货币认知的提升以及其技术上的完善，数字货币一定会有更大发展。

（二）数字货币的改善方向

一项新技术从实验室到社会化的广泛使用，关键在于核心技术细节的成熟与完善。数字货币从基础研究到应用研究都值得我们关注，而本书更关注的是数字货币在未来的应用新技术、应用新理念、应用新价值。

从互联网计算机的运营层面看，数字货币还处在从小范围的实验室到区域范围的实验阶段，有上面章节的案例为证。它作为一种商业流通货币，仍然存在一些不成熟的技术问题，需要不断地改进与完善。因此，数字货币要想走向更大的社会商业圈应用层面，仍有很长一段技术探索的路径要走，要经过实验室阶段、小试阶段、中试阶段、社会化阶段。

从互联网上的计算机软件应用技术而言，凡是成熟的计算机应用软件，都需要经历一个漫长的测试与完善阶段。当这个软件成熟了，也就意味着这个运营程序已经落后了，更加优质的软件或许已经在最后的测试阶段了。各家商业银行现在应用的数字货币就是处于成熟技术这个阶段，这是多年运营的完善结果。所以，未来一定会出现更加先进、可靠的货币体系。

互联网的出现，带来了三项最重大、最深远的影响：一是实现了信息的无中心化发展，二是链接了无限的各类市场，三是带来了无限的发展商机。先进的互联网，一开始都是不成熟的，后来慢慢走向成熟与辉煌。互联网在被广泛使用的过程中，存在的一个最大问题是数据容易出现被篡改的可能。运营信息的不真实，会降低社会运行的真实效果。为此每一天都在为验证和确保各种信息的安全而付出更大的运营成本。如果从互联网总体看，这是一种巨大的浪费。

数字货币也是如此，一开始要经历一个不成熟的发展过程，而它拥有的新特性使得它有了可以防止信息在各个链接中被随意篡改的有效技术，所以最终一定会走向成熟，走向对传统货币形式的合理替代。

数字货币的出现颠覆了人们对于货币的理解，是一种互联网的技术飞跃，在经济理念上颠覆了原有的交易模式，在网络应用上是一种技术提升的变革，使交易支付变得更便捷、更安全。除此之外，数字货币还有币值不稳定、交易平台不够安全、社会认可度不高等问题。这些问题都在制约着数字货币的发展，制约着数字货币成为真正可以在日常生活中流通的货币。

1. 数字货币向稳定化方向发展

数字货币的币值要稳定。没有人会喜欢高通胀的货币，人们喜欢的永远都是能保值的货币。目前的数字货币因为没有发行机构的背书，受政策和市场环境变动的影响极大。比如，今天有一个国家宣布承认数字货币的合法地位，数字货币的价格就会应声上涨；有一个数字货币交易平台受到攻击导致其所储存的数字货币被盗取，数字货币的价格就会下跌。数字货币市场类似于一个股票市场，充斥着大量的投机行为：人们购买数字货币不是为了交易使用。从某种意义上说，数字货币发展到今天，其目的是期望在日后升值时获利。因此，为了改变这种情况，数字货币的币值应该向着稳定发展，而币值的稳定又涉及许多方面，这预示着数字货币的真正流通使用还需要一定的时间。

2. 重新定义数字货币

社会对数字货币的理解还有待提高。数字货币首先从商业圈子里产生，起初只是一种娱乐货币、一种游戏规则中的理想货币，并非以商业信用为基础的信用货币。因此，数字货币与传统货币的最大区别就在于数字货币无发行机构的去中心化设置。传统货币由政府背书，代表着政府的信用。例如，人民币是由中国人民银行发行的，美元是由美联储发行的，因此，人们会觉得使用这些货币十分安全，对这些货币的社会认可度很高。而数字货币是一个不需要商业银行汇款、采用区块链技术的去“商业银行中介”的结算模式，是一种以商业信用为基础的货币。没有发行机构的数字货币会让人们觉得没有强大的、可靠的中央银行或政府背书，因而认为这种货币是不安全的。同时，数字货币是完全虚拟化的，只存在于计算机和互联网中，是看不见、摸不着的“虚拟货币”。这对习惯于使用实物货币如纸币的大多数人来说是十分陌生的。因此，改变这种习惯还需要很长一段时间。总之，未来数字货币需要在技术层面和社会层面不断地提升与完善。

第四节　数字货币的发展

一、全球“国际金融云＋数字货币”

数字货币扩展到全球范围，必将颠覆世界金融体系，最突出的就是将构建新型的以数字货币为基础的国际金融云，而这一新型的国际金融云将对现行的世界金融体系产生深刻的影响，带来前所未有的新体验。

（一）构建世界金融云的交易新系统

云计算是基于互联网相关服务的增加、使用和交付模式，通常涉及通过互联网来提供动态、易扩展、虚拟化的资源。通过使计算分布在大量的分布式计算机上，而非本地计算机或远程服务器中，企业数据中心的运行将与互联网更相似。这使得企业能够将资源切换到需要的应用上，并根据需求访问计算机和存储系统。

1. 云计算的特点

（1）云计算的规模巨大

从“云”这个字，就可以看出这一体系的庞大。云计算具有相当的规模，即Google云计算已经拥有100多万台服务器，Amazon、IBM、微软、Yahoo等均拥有几十万台服务器。企业私有云一般拥有成百上千台服务器。“云”能赋予用户前所未有的计算能力。

（2）云计算的形态是虚拟的

云计算支持用户在任意位置、使用各种终端获取应用服务。所请求的资源来自“云”，而不是固定的有形的实体。应用在“云”中某处运行，但实际上用户既无须了解，也不用担心应用运行的具体位置。只需要一台笔记本或者一部手机，就可以通过网络服务来实现我们需要的一切，甚至包括超级计算这样的任务。

（3）云计算具有高可靠性

“云”使用了数据多副本容错、计算节点同构可互换等措施来保障服务的高可靠性，使用云计算比使用本地计算机更为可靠。

（4）云计算具有通用性

云计算不针对特定的应用，在“云”的支撑下可以构造出千变万化的应用，同一个“云”可以同时支撑不同的应用运行。

（5）云计算具有高可扩展性

“云”的规模可以动态伸缩，以满足应用和用户规模增长的需要。

（6）使用云计算系统的价格低廉

由于“云”的特殊容错措施可以采用极其廉价的节点来构成云，“云”的自动化集中式管理使大量企业无须负担日益高昂的数据中心管理成本，“云”的通用性使资源的利用率较之传统系统大幅提升，因此，用户可以充分享受“云”的低成本优势，经常只需花费几百美元、几天时间就能完成以前需要数万美元、数月时间才能完成的任务。

结合现实情况看，随着互联网技术的发展，世界各国之间的联系越来越紧密，其中包括各国金融体系之间的联系。各国的历史和发展方向各不相同，由此，各国的金融体系发展现状各不相同，且具有较大差异，因此，很难将世界各国的金融体系加以整合，以促进经济与金融的发展。但是，这一切随着数字货币的出现将可能有所改变。数字货币结合互联网所带来的世界金融云体系具有很强的可扩展性，可以随时扩容以达到接入世界各国金融体系的要求。数字货币下的国际金融云可以提供可用的、便捷的、按需的网络访问，进入可配置的计算资源共享池，而且这些资源能够被快速提供，只需投入很少的管理工作，或与服务供应商进行很少的交互即可。

2. 国际金融云有的优势

（1）依托数字货币的国际云金融可以降低金融机构运营成本

这一新模式可以最大限度地减少成本和费用，提高线上业务收入。云计算可以帮助金融机构构建“云金融信息处理系统”，再加上数字货币这一有力工具，可以有效减少金融机构在诸如服务器等硬件设备上的资金投入，使效益最大化。

（2）国际金融云可以使不同类型的金融机构分享全世界的金融全网信息

如今全球交流日趋紧密，任一国家的经济波动都有可能引发全球经济的动荡，所以掌握各个国家的金融信息十分重要。金融机构构建国际化的金融信息共享、处理及分析系统，可以使其扩展、推广到多种金融服务领域，诸如证券、保险及信托公司，均可以作为云金融信息处理系统的组成部分，在全世界的金融系统内分享各自的信息资源。

（3）构建云金融信息处理系统，统一网络接口规则

目前，世界各国金融机构的网络接口标准大相径庭，这也是统一全球金融机构网络的难点之一。通过区块链技术构建全球云金融系统，可以统一接口类型，最大限度地降低如跨行业务办理等技术处理的难度，也可减少全行业硬件系统构建的重复投资。另外，区块链技术还可以保证信息的准确性，小道消息是无法在信息系统中流通的，只有经过一定机构的可靠认证后才可以流通。

（4）国际金融云可以增加金融机构的业务种类和收入来源

上述的信息共享和接口统一，均可以对资源的使用方收取相关费用，使云金融信息处理系统成为一项针对金融系统同业企业的产品，为金融机构创造额外的经济收入来源。

基于此，数字货币下的国际金融云将每个国家的金融体系连接到一起。这一系统将有效解决信息不对称这一亟须解决的问题，使政府、机构乃至普通投资者的决策更加明智，有效减少金融欺诈，对世界各国金融体系的健康发展具有良好的推动作用。

（二）区块链技术对数字货币发展的作用

1. 区块链技术的去中心化

区块链的核心思想就是建立对去中心化的信任。去中心，其实理解为多中心更准确一些，尽管虚拟货币体系的设计目的是做一个完全去中心化的系统，但是，客观上它已经演进为受控制的一个多中心体系了。

去中心化跟我们传统的体系相比，存在很多差异。去中心化主要体现在三个方面。

（1）所有者的去中心化

原来的系统是一个单一的机构管理和控制系统，用了区块链以后，变为多方参与、共同管理与运营的系统。而随着共同参与管理的人或机构越来越多，每一个人或机构都是中心，也就意味着每一个人或机构都不再是中心，所以说，所有者是去中心化的。

（2）存储是去中心化的

原来整个账本的存储都是由一个节点、一个中心机构进行存储，现在变成大家都一起来存，也就是说，每一个参与者都是一个存储中心。

（3）整个交易验证是去中心化的

以前的交易只要得到交易处理中心的验证并记录后就可以完成，现在则因为每一个参与者都是存储中心，所以对账本的改动需要所有参与者达成共识。

区块链开创新的商业先机所记述的分布式记账系统，其分布式方法跟传统的分布式计算是截然不同的。传统的分布式计算技术主要是为了提高系统的服务能力。比如，一个系统面临压力负载太大的时候，我们就想到要多安几个机器让它们并发服务，如存储。我们要存100T的数据，一个节点只能存10T，所以只有并排地安排10个节点同时服务。区块链刚好是相反的，传统的分布式计算技术是竖向排列的，而区块链则相当于是横向排列的。一个数据只存放在自己这里是不被信任的，因为自己可以随意删掉。因此，为了信任问题，把自己的数据让大家都存一份，只更改自己那一份而其他人的备份无法被改动，因此这一改动是无效的。所以，区块链与之前的模式相比，在目的上是完全不同的，从技术路径上也是完全不同的。

2. 区块链技术的环节

区块链的技术包括三个环节。

①动态的组网，使这些参与方之间能够变成一个动态组网，在动态组网模式下，一个节点离开了，也不影响系统，新的节点加进来也能够正常运行这个系统。

②账本的设计需要满足安全、透明、可跟踪的特征。安全是所有账本的基础，如果账本不安全，那么，就是它有再多的优点和好处我们也不能采用。透明与可跟踪性是对账本升级的要求，可对交易进行追踪，以提升交易的安全性和

合法性。

③最难的就是共识机制。一个账本既要保持不同节点之间的一致性，又要能够抵抗恶意的攻击。在分布式计算体系中，每个节点所获得的交易序列是不同的，所以要把这个交易变成同一个序列可以完全相同地记账，又要满足性能的要求。

用区块链来构建国家级数字货币，可以增强央行对货币发行以及流通领域的控制能力，尤其是分布式记账技术应用以后，这种控制能力将得到显著增强。

在数字货币以及区块链技术成熟之后，国际金融云就可以依托数字货币建设起来。云金融是指基于云计算商业模式应用的金融产品、信息、服务、用户、机构，以及金融云服务平台的总称。从技术上看，云金融就是利用云计算机系统模型，将金融机构的数据中心与客户端分散到云里，从而达到提高系统运算能力、数据处理能力，改善客户体验评价，降低运营成本的目的。国际金融云就是将这一模式扩大到世界范围，将不同国家和地区的云金融通过数字货币以及区块链技术连接起来，最大限度地发挥其优势和创新作用。

（三）世界通用数字货币在未来全球贸易中的作用

在经济全球化的今天，国家之间的交流日趋紧密。国际贸易作为国家间交流的重要环节，无论是对经济，还是社会发展，都发挥着举足轻重的作用。但是，由于国际贸易涉及不同国家和地区，因此，当国际贸易的发展遇到一些问题时，往往就阻碍了国与国之间贸易的进一步发展。

首先，国际贸易中交易结算的不便。由于贸易双方是不同的两个或两个以上的国家和地区，因此，要先换算成统一的货币才能进行交易结算，在换算成统一的货币时，自然会产生一定的交易费用。交易一般通过信用证、电汇和付款交单这三种方式进行付款，这三种主要的方式不但会产生一定的成本，而且为了保证交易的顺利进行，引入了银行，作为中间机构，因此，又产生了许多交易费用。这些成本限制了交易双方之间的利润，间接地阻碍了国际贸易的进一步发展。如果可以寻找一条创新的途径使得这些烦琐的步骤被取消，那么自然就会使国际贸易的发展达到新的高度。

其次，国际贸易的条约中存在风险。虽然国际贸易规则对国际贸易的各项事宜进行了有效规范，对交易过程中几乎所有的突发情况都进行了准确说明，但

是，不同国家和地区的文化和风俗习惯不同，导致其对交易条约的理解可能存在一定偏差，且不排除有不守信的商家做出不负责任的利己行为而导致交易失败。因此，就目前国际贸易发展的情况看，仍然会出现许多关于贸易条约的纠纷，一定程度上阻碍了国际贸易的发展。

以上两个问题是国际贸易自开始就一直存在的问题，未来如果将数字货币等技术引入的话，相信一定会有所改观。首先，引入全球通用的数字货币后，国际交易的成本将大大降低。买家只需要先将货款换成数字货币，再使用数字货币进行支付，就可以将成本降低到几乎为零。这样，可以省去维护以往的交易系统和雇用信用证工作人员的成本，进一步节省了人力成本。其次，数字货币可以实现即时到账，极大地提升了交易速度，可谓一举两得。

关于国际贸易条约的问题，如果引入类似“以太坊”的智能合约将可以很好地解决。经过特定程序编程的条约代码清晰明了，对合同中的每一项条约和规定都进行了清晰的说明，足以保证没有任何歧义，交易一切按照智能合约中的规定进行，只有符合智能合约规定的交易才可以完成，任何不符合智能合约规定的交易将按照合约中的规定进行定责分析，从而有效减少贸易双方之间相互扯皮与推诿的可能，进而降低了贸易纠纷的可能性。

因此，全球通用的数字货币引入国际贸易中后，将颠覆这一传统行业的运行模式。之前的模式以交易双方、银行和两国之间的贸易以及法律条约构成，而在引入数字货币这一模式后，将变为交易双方在智能合约的基础上直接对话，权责明确且无法抵赖，交易速度也较之前有了大幅提高，省去了长时间的货款流转过程，真正做到了“一手交钱，一手交货”。因此，世界通用的数字货币将在未来给国际贸易带来颠覆性的革命，或许这一天很快就会到来。

二、数字货币发展新趋势

数字货币的发展随着技术的成熟和世界各国逐步达成共识，毋庸置疑是会越来越好的。在未来世界舞台的各个角落，都将可能见到数字货币及其底层技术的身影，人们生活的方方面面也将因此改变。我们可以根据现有的发展情况，对未来数字货币的发展趋势进行预测。

（一）打造“去中心化”下全球一体化的新主流经济

世界贸易是一个各国共同参与的多元化复杂贸易体，世界贸易要想获得更大的发展空间与更高的自由度，推进贸易一体化的广度与深度，就成为当今一个新的发展潮流，也是一种发展新趋势，其核心是逐步打破贸易格局的壁垒，逐渐步入一个“去中心化+扁平化”的发展新格局。

“去中心化”模式是多元化经济发展的新主流趋势。如何推进这个贸易模式的发展，数字货币已经“呼之欲出”。我们已在前文数字货币的应用需具备的诸多社会配套环境中充分探讨了数字货币的设计理念，那就是“去中心化”，打破某一“垄断货币”的主导地位。用新的数字货币去颠覆“货币战争”的负面作用。

数字货币一创造出来，其实就是一种天然的世界货币，它替代了世界各国政府主导的传统货币，替代了实物黄金的现实流通，具有最强大的货币支付职能的发展空间。它“去中心化”的世界货币职能，不受任何国家纸币波动的影响，也不受任何一种政府主导货币的管控。它具有全球化的流通职能，在未来世界货币的发展中，具有不可替代的作用。

我们知道，互联网是一个“去中心化”的交易平台，它与“去中心化”的数字货币相融合，将构建“一网一币”的世界贸易新格局。这种贸易新格局，将会最大限度地发挥在全球购物平台上的最大作用。

从区块链的“核心竞争优势”，可以探究区块链对世界金融行业的影响：一是区块链能够有效降低金融行业的运行成本，使现有的中心化金融系统布局方式产生深刻变化；二是区块链能够促进新型商业模式的发展，加速传统金融经营模式的转型；三是区块链能够降低信用风险，提升银行业对信用风险的跟踪分析的真实性、全面性，防范“互联网+金融风险”；四是区块链是实现共享金融的有力工具，为自金融的产生奠定技术基础；五是区块链技术能拓宽创新路径，促进更多金融生态新产品的开发，提升监管行业的同步化、透明化。

所以，区块链技术逐步颠覆金融的基础技术，推动新产品的研发，最终改变整个金融生态链。具体表现在以下几个方面。一是金融基础设施主要包括核心金融基础设施和附属金融基础设施。核心金融即金融市场基础设施，包括支付系统、央行存款系统、证券登记系统等；附属金融基础设施是一个广义的概念，主要包括信用体系、法律会计体系、反洗钱信息等。二是对于金融业务，可以选取

某个金融产品作为突破点，一旦区块链产生可持续的效益，将对其他金融产品产生强大的示范效应。三是金融生态链的演变是区块链在金融领域应用的最终形态，自金融模式和全新信用体系将成为最终模式。

（二）从全球个人贸易网购商务平台起航

随着数字货币在世界各国的接受度越来越高，随之而来的就是数字货币的应用问题。数字货币的应用领域十分广泛，若要同时应用到所有领域几乎是不可能的，必然是先从一些行业进行重点突击，在经验得到积累、技术得到完善之后，再向更多的领域推广。

未来的数字货币在全世界范围内的应用，将从全球个人贸易网购商务平台开始。在这一平台中，全世界的人们可以使用同一种货币——数字货币进行交易，既可以解决跨境贸易中结算不便这一问题，又可以在引入区块链技术后解决交易条约存在风险这一问题，因此，可以使人们在这一平台购物的安全性得到有效保证。综合来看，数字货币率先应用到全球网购平台有以下几个优势。

1. 从技术层面上看难度低

从技术上说，从网购平台开始推广数字货币，可以在全世界流通的数字货币的难度是最低的。目前来看，如果想在各国的实体经济中推行一种在全世界范围内通用的数字货币，可以说难度非常大，且不论各国之间达成共识的可能性有多高，单是考虑到主权等许多国家高度的问题，就会使这一计划不会轻易达成。

因此，数字货币在全世界的推广，应该从技术上较易达成的领域进行试点。现在，已经有许多规模比较大的网购平台支持使用比特币等数字货币，因此，数字货币在网购平台的技术应用上已经不是问题，可以作为全球数字货币推广的第一站。

2. 扩大平台范围

在全球网购平台推行数字货币更易被人接受。

数字货币作为一种全新的事物，自其出现不过数年时间。其虚拟的存在形态，使得人们对其大都采取避而远之的谨慎态度。因此，若要在全球范围内推行数字货币下的应用就显得十分困难，普通实体行业的运行模式已经固化，贸然引入数字货币的效果必然不佳。与之相比，网购平台是互联网时代的产物，活跃在互联网上的年轻一代比较容易接受互联网上的新兴事物。因此，数字货币下的全球网购平台较实体行业有一定的潜在用户，拥有较好的发展环境和可塑空间。

3. 结合互联网共同发展

数字货币与互联网的结合具有巨大的发展潜力。数字货币最早诞生于互联网中，因此，在互联网中运用，可以使其获得更广阔的发展空间，让数字货币从其最适应、最熟悉的环境开始发展，从而为以后在全世界的推广打下坚实的环境基础和技术基础。

（三）数字货币环境下的大数据时代来临

区块链技术的发展与应用，如同微软操作系统一样，经历了一个从操作不便利到便利的发展过程，从少数人使用到高度普及，一直到世界上几乎每一个人都拥有一台个人电脑，或一台便携式笔记本。

个人电脑操作系统，经历了多年的不断更新与创新发展。从一开始的DOS操作系统，操作极不方便，逐渐提升到Windows操作系统，操作越来越便捷。如果DOS操作系统为汽车的“手动挡”，那么，Windows操作系统就是汽车的“自动挡”，操作系统经历了一个不断提升与完善的发展过程。

区块链技术改变了人们的思维模式，是一种开放的、透明的、自助的、高度民主的商业模式之上的分布式记账规则，可以极大地提升交易过程的可靠性，适应未来的发展。因此，数字货币与其说是一次“货币革命”，不如说是一种“交易与结算”链接的新飞跃。

科技可以改变人类生活的一切，可以使一切变得更为简单与便利，而“去中心化”的思维模式将是未来发展的主流，也使人类几千年的商业集中式模式受到根本性的颠覆，让每个交易参与者均可参与数据库记录。

分布式记账，替代了过去建立在“集中式系统”的交易模式与结算模式，受到最根本的替代。交易的中间环节将极大地“被压缩”，或“被删除”。最终，社会的中间环节，将越来越少，“一站式”交易活动得到丰富多样的发展。“去产能、去库存、去杠杆、降成本、补短板”会在更广阔的领域，释放原有的过剩资源，实现商业信息与流通的“一站式”交易、点对点式的结算，使原有的贸易形势与交易成本和效率，变得更安全、简洁，信息更透明、公平。

在这个新环境与生态系统中，信息产业将获得更大的发展空间。大数据就是资源，大数据时代的基础将得到重新构建，各种以商业银行为中心的结算集中系统篱笆“被拆掉”，整个结算的“去中心化+扁平化”新模式，将快速构建与运营。社会活动将变得简单，信息的真实性、完整性、及时性将回归本来面目，虚体经济的“云雾”或“雾霾”将得到根本的清理与净化。社会交易的“中介环节”机构，将不断减少金融机构的运行模式从派生存款中得到最真实的回归，一切监管将变得更加透明，这就是这场持续发展的数字货币引发的新变革，这场变革将颠覆现有的支付模式。在未来，数字货币可以将一切复杂的商业交易，变得“安全与便利”，重新回到实体经济的发展轨道，回到原生态的、充分的、快捷的商业交易模式中。

第四章　数字经济发展的技术支撑

第一节　云计算助力数字经济发展

一、云计算优化数字商务

在信息化时代，“云”这个词的出现频率十分高。从本质上来说，我们可以将云看作一个网络，那么狭义的云计算也就是一种能够提供资源的网络，用户可以根据自身的需要随时从“云”中获取资源，只是这一过程是需要付费的。而从广义上来说，云计算是一种较为方便的网络服务，它把许多可以利用的计算资源集中到了一起，并利用软件实现了自动化的管理，用户可以自由申请资源的服务，这种计算资源共享池就叫作“云”。

云计算可以说是网络时代的一个新生词汇，是计算机信息技术的一项衍生技术。具体是指在利用网络的基础上，将数量庞大的待计算与处理数据进行分解，使其变化成为无数个方便计算的小程序，然后利用多部服务器组成的系统对这些便于计算和处理的小程序进行分析，从而得出结果，并将最终的分析结果反馈给用户。也就是说，云计算是分布式计算的一种，对于早期的云计算而言尤其如此，它可以将计算任务进行分解，分别计算后再将结果进行合并。因此，云计算在面对庞大的数据处理时，具有无可比拟的优势，可以在非常短的时间内完成数量庞大的数据处理，是一项非常强大的网络服务技术。随着各项网络信息技术的不断发展及完善，现在的云计算或者说云服务早已今非昔比，它不再只是一种简单的分布式计算，而是融合了多项计算技术的一种能够提供更加综合化服务的技术模式。

严格来说，云计算并不是一项全新的技术，只能算是一种全新的网络应用概念，必须通过互联网这个中心和媒介，才能为网络上有需求的用户提供快速且

安全的云计算与数据存储服务，使其成为一种需要付费的共享式资源。云计算是网络时代的一项具有重要价值及意义的技术革新，具有重要的现实意义及战略意义，未来的时代很可能就是一个云计算的时代。

在互联网时代，一种新兴的商务模式开始兴起，即电子商务。数字商务则是电子商务领域新兴的一个产业，这种模式将终端商、电信运营商及软件提供商联系到了一个系统之中，成功地实现了资金流、物流及信息流等商务要素之间的紧密联系。随着社会的不断发展，以及技术创新，数字商务这种全新的模式在中国获得了飞速的发展。

所谓数字商务，如果简单地从字面的意思来理解，我们可以将其看作是“移动+数字商务”。其中，“移动”指的是无线终端设备，比如常见的智能手机，再比如专业的PDA等设备；而“数字商务”则是指建立在电子通信等设备基础之上的各种贸易活动。

数字商务虽然脱胎于传统商务，但是又有着明显区别于传统商务的特点，它的形式更加方便、灵活，操作也更加简单。与传统商务不同，数字商务的客户群体拥有更加显著的个性化特征，他们不再满足于千篇一律的服务模式，而是更加关注自身的需求及喜好，他们乐于自己选择心仪的设备，自己控制信息的获取方式及服务模式，他们更加享受个性化的定制服务。因为客户在进行选择时往往需要借助移动设备，所以，在数字商务模式下，商家可以借助大数据的采集功能随时随地获取客户之间各不相同的个性化需求及选择。

云计算的发展给数字商务带来了新的改变，而在数字商务领域的应用也是云计算产业发展中的一大机遇。将云计算这一技术应用于数字商务领域，不仅可以降低企业运营的成本，企业还可以将更多的精力用到市场营销工作中去，提高营销效果。在数字商务模式下，企业不再需要投入大量的成本用于建立和维护数字商务系统，而是可以直接将其委托给云计算服务商进行处理，这样可以极大地解放企业的经营压力，提高经济效益。

（一）云计算可以极大地提高数字商务信息的安全性

与传统的商务交易模式不同，数字商务是一种依赖于互联网的线上商业形式，所以，对于数字商务而言，保证其数据信息的安全是重中之重。而随着社会经济的不断发展，计算机应用领域的不断普及，数据计算规模的扩大等，不只是数字商务行业，社会各行各业都对数据安全，以及计算机储存能力提出了更高的要求。在计算机技术不断提高的同时，随之发展的还有黑客技术，越来越多的病毒及黑客入侵等因素开始对企业的数据安全造成威胁。由此可见，数据信息的安全性对于数字商务企业的重要性。而将云计算应用于数字商务模式中，则可以极好地解决信息的安全性问题。在云计算的环境下，首先，数据信息高度集中，为统一管理提供了便利。其次，信息在云端的储存使得信息资源的优化整合得以实现。最后，更加专业的管理手段，以及专业技术团队的出现，使得企业数据信息的管理更加高效和科学，其安全性得到了极大保障。

（二）云计算的应用提高了数字商务的信息处理能力

对于数字商务来说，信息处理能力是其发展的根基和前提。随着网络购物行为的日常化，数字商务愈加繁荣，而电商企业面临的状况也愈加复杂，需要处理的数据规模空前庞大，传统运营模式之下的硬件设施及资源等，都无法应对数据数量的急剧增加，传统电商企业的发展模式已经成为企业发展的桎梏。云计算的出现，可以很好地解决数据处理的难题。不仅是因为云计算拥有强大的数据存储及计算能力，还因为云计算在进行数据处理时会采取分开处理的模式，利用服务器系统对数据进行分层处理，汇总结果之后反馈给用户。云计算在数据处理上的强大优势，不仅可以为愈加繁荣的数字商务企业提供数据计算保障，还能最大限度地整合资源，从而推动电商企业的发展。

（三）云计算的应用降低了数字商务企业的运营成本

对于数字商务企业来说，硬件设施及人力资源会消耗大部分的资金投入，一方面硬件设施是其运营的基础，另一方面，企业的日常运营不仅需要大量的人力资源来维系，各种硬件设施的正常运转也需要相当数量的人力资源。数字商务不同于传统商务，它的核心是信息服务，主要的工作就是要尽最大可能保证服务器的质量。企业运营发展的过程是不断开发新客户、维护老客户的过程，而客户的开发与维护都需要大量的资金支持，因此，数字商务对于企业数据处理方面的资金投入就会略显不足。而云计算的应用则可以有效解决电商企业运营成本方面的问题，云计算自身所有的在数据存储及数据处理方面的强大优势，可以有效减少电商企业在硬件设施方面的成本投入，也能最大限度地节省投入在数据处理方面

的成本，从而极大地降低企业的运营成本，还可以为企业其他方面的投资，比如资源开发及营销推广等提供更多的资金支持，从而推动企业的发展。

二、云计算助推数字商业

（一）对资源模式方面的改革

虽然中国的传统电商获得了较快的发展，并且在社会上形成了较大的规模，但是在其发展过程中还是存在大量的问题。比如，资源利用率问题及管理难度问题等。随着大数据技术的不断完善，将云计算技术引入数字商务行业中会有效地解决一些上述问题。

首先，企业可以利用云计算的资源共享技术，更加快速地获取各种资源信息，并对其进行有效的管理；其次，企业可以利用云端服务器对硬件设施进行管理维护；再次，企业可以放开手脚拓展核心业务，扩大经营范围；最后，企业可以借助云计算利用云端基础服务、系统平台及服务软件等对各项资源进行调度，不断优化资源的各项配置，解决资源利用率不高的问题。

（二）对服务应用模式方面的改革

第一，云计算的应用可以对数字商务企业的数据处理和经营过程产生影响，更加先进和科学的数据管理工具使得高效处理大量数据成为现实。而数据处理方面的高效性又可以提高企业获取客户信息的速度，能够更加准确地采集和分析客户信息，从而对企业产品或者服务的受众群体进行精准定位，为企业的经营决策提供合理参考和建议。

第二，云计算还拥有先进的信息共享功能，它可以为企业处于完整供应链上各个环节的数字商务主体建立资源共享平台，加强各方之间的交流协作及资源共享，提高服务效率。除此之外，从用户的角度来说，云计算的出现使得他们可以不受时空的限制，自由选择和享受移动电商企业提供的各项服务，为企业的智能化及个性化服务的发展提供便利。

（三）对技术模式层面的改革

在云计算出现之前，电商企业为了应对用户增多、数据处理难度加大等问题，只能从配置性能更高的服务器，搭建更加庞大的存储系统，以及升级网络系统等方式入手。而云计算的出现，则为移动电商企业提供了一种全新的计算资源管理和使用的思路。云计算并不是一种单一的技术成果，它包含分布式计算、虚拟化等技术门类。借助这些技术，它可以将存储、计算、应用及服务等企业需要涉及的多种资源，整合到统一的虚拟资源池中，进行集中调度管理。这不仅改进了IT服务的商业模式，极大地提高了工作效率，而且对技术及成本的控制产生了良性影响，极大地降低了企业的运营成本。

云计算技术在数字商务领域的应用不仅帮助电商企业改进了发展模式，拓展了发展空间，而且在降低企业运营成本方面发挥了积极的影响。

三、云计算服务价值管理框架

（一）云计算服务价值管理

云计算服务价值管理是指对云计算服务的价值形式、影响因素、导向、发现、组合、共享、转移、评估等问题的协调过程。随着经济全球化、网络化的发展，信息资源的服务化、虚拟化的变革，云计算服务的价值不再只是传统信息技术在效率、绩效、能力等视域下的片段化形式，更多的是在改变信息网络产品与服务内部的成本结构、定价导向、供需合作模式的基础上，推动价值链再造、价值网络重组和商业生态构建等系统性价值形式。

就价值管理过程中创造机制的协调、实现模式的创新和经营系统的升级而言，云计算服务价值管理包含三个部分，即云计算服务环境下资源的链式化整合、基于云计算服务的产品和服务的网络交付，以及面向云计算服务的社会化运营再造和重组，三个部分相互作用，共创价值。

（二）使能过程链式化

云计算服务就像曾经的蒸汽机技术、电能技术和石油一样，被广泛应用到生活、商务的每一个角落。虽然不同的时代有不同的核心技术主体，但信息及信息技术服务一直是商务和经济的重要因素之一，特别是随着信息技术的快速变革和经济全球化的推进，新兴信息技术在商业和经济中扮演的角色越来越复杂，其技术使能性和社会性促使其在价值发现、创造和转移中的作用显得更加普遍和独

特。当前，物联网、云计算和大数据正改变所有的商业活动，每个行业都在推行基于它们信息化、网络化和服务化的建设。在这样的过程中，物联网通过实现物物相连的普遍性，表明信息技术可以和任何一种生产要素或资源进行组合应用，通过方便沟通、有效共享、及时协调和边界跨越来实现规模化生产和个性化服务的协同价值。在具有普遍性的同时，信息技术还具有独特性。也就是说，没有任何一种技术可以替代信息技术普遍地应用于各行各业，并提高该领域的效率、效益和竞争力。普遍性和独特性使得信息技术的应用价值不同于其他技术价值的产生原理，在信息技术产生价值的过程中，其信息技术与产品和服务的设计、制造、销售和维护等全生命周期特征密切相关。

云计算服务的广泛应用，不断推动自身的系列技术突破，也带来了制造和服务的创新，服务型制造和现代服务都是基于信息技术的产业演化结果。基于技术的使能性特征，产生了除制造和服务以外的生产要素，出现了由信息技术进行获取、处理和应用的知识资源。知识资源使制造和服务过程变得虚拟化、全球化和集聚化。这些技术和资源的变化，引起组织向敏捷性和扁平化分裂，通过构建组织间动态关系网络，突破规模不经济和资源冗余的难题。例如，信息技术的广泛使用使人力、财力资源信息变得透明，并且产生社会化效益，同时，电子政务的信息公开、审批和电子商务的可视化跟踪都让现代社会更加和谐。

（三）产品与服务的网络化

事物的分解与整合就像分工和合作的关系一样，这轮新兴信息技术的应用特征也较全面地反映了分工与合作的协同机理。信息技术的出现和发展是技术分工的结果，信息技术的应用是信息技术与其他资源合作和整合的过程。复杂的分工和合作形成网络化的关系，为构筑面向功能和服务的虚拟化资源和能力提供基础。

在云计算服务系统内部，服务模块化是分工的表现形式。云计算服务的硬件和软件的分离是以模块化为基本单元的。集中式大型机由于巨大的波动性需求造成了大量浪费，分布式小型机的集群能很好地解决这一问题。不同的集群规模就是通过虚拟化实现的计算服务模块。这种机制不仅解决了复杂问题的关键，而且提供了完整的功能和敏捷的消费体验。服务计算能力模块化的出现，让制造可以并行，让服务可以打包。对于复杂的巨型制造系统，基于计算分解任务块，根据任务连接产品与服务。这样的过程不仅需要模块化，还需要模块化之间的并行处理。在个人计算机和手持终端时代，并行化发展表现为网络型开放。在今天的移动机潮流中，模块化、网络化变得更加智能，出现了任务执行的模块化和并行性网络的增长。

从软件的视角来看，操作系统的集成、开发平台的集成和服务应用的捆绑与集成，都很好地说明了新兴信息技术的应用是一种基于模块化网络的分工与合作。在苹果商店中，一个服务就是一个模块，放到网络上给大量使用者按需使用，整个商业系统呈一种网络化增长。

（四）服务价值社会化

在云计算服务诱发的管理变革中，最为突出的特征就是社会化。社会化集聚了民主化、开放式和社交关系化的相关资源。传统信息技术就有积极作用于组织规模边界、增强消费自助性的特点。当前，社会媒体、社交网络、虚拟团队、众包商务等模式的出现都是信息技术社会化的结果。在信息技术社会化的过程中，信息技术引起社会意识和形态的改变，这种改变势必造成需求和商业过程的改变，但这个传递机制较慢且长。在信息技术商业化的过程中，由于信息技术的支撑和使能，让社会公民、消费者都参与了商务社会化的过程，让社会公民参与产品质量、公司信誉的评论，让民众为消费者建立组织形象。对消费者而言，通过微信、微博等方式发表用户体验，这都将推动商务社会化的进程。

物联网云计算大数据让社会信息更加透明，民众的参与更加积极、知识获取泛化、交易搜索成本低廉化、组织边界模糊化，这些变化在改变商业要素的同时，也改变着人们对社会的认知。信息技术以大社会共享平台的方式让社会的每一个个体感受到商业信息的价值，感知知情的价值和自由消费的体验。因此，基于这种新技术的社交关系构成了商业的核心要素之一。在许多虚拟社区、团购论坛和社交网络中，通过网络社交关系进行商业策划、实施和评估成为当前平台型商务的重要活动。

第二节　人工智能提供算法支撑

一、AI 让智能无所不及

AI，即人工智能，可以理解为用机器不断感知、模拟人类的思维，使机器达到甚至超越人类的智能。随着以深度学习为代表的技术成熟，人工智能开始应用于数字经济的各个部分，促进产业内价值创造方式的智能化变革。

如今，得益于算法、数据和算力三个方面的共同进步，人工智能发展到了新的阶段，呈现出专业性、专用性和普惠性的特点。

专业性指的是人工智能具有了等同甚至超越人类专业水平的能力。随着深度学习等技术的成熟，人工智能已不仅能够进行简单的重复性工作，还可以完成专业程度很高的任务。例如，阿尔法狗（AlphaGo）在围棋比赛中战胜了人类冠军，人工智能系统诊断皮肤癌达到了专业医生的水平，人工智能程序在大规模图像识别和人脸识别中有了超越人类的表现。

专用性指的是目前一种人工智能的应用通常仅能用于一个领域，无法实现通用。面向特定任务（比如下围棋）的专用人工智能系统由于任务单一、需求明确、应用边界清晰等理由形成了人工智能领域的单点突破。虽然在信息感知、机器学习等“浅层智能”方面进步显著，但是在概念抽象和推理决策等“深层智能”方面的能力还很薄弱，存在着明显的局限性，与真正通用的智能还相差甚远。

普惠性指的是人工智能技术能够与不同的产业相结合产生新的应用，对各行各业都产生了普惠效应。图像识别、语音识别、自然语言理解等人工智能技术能够根据不同行业的需求，形成具体的应用，在各式各样的场景中发挥作用。例如，图像识别在制造行业的产品检测上应用能够节省大量人力，在交通行业的车牌识别上应用能够简化认证流程，在零售行业的刷脸支付应用上则能够优化购物体验。

人工智能的发展正驱动着产业内劳动力、工作方式及工作组织形式等多方面的变革。首先，人工智能能够通过辅助人类活动显著降低工作门槛，实现工作方式的智能化变革。例如，通过在人机交互方式上应用图像识别、语音识别和自然语言理解等技术，不仅大大降低用户的学习成本，还使得交互效率大幅提升。其次，通过利用人工智能取代人类工作，能够更稳定甚至更高效地完成任务，实现劳动力的智能化变革。例如，在许多现代化工厂里，大量的工业机器人和机械臂已经取代了人工岗位。结合适当的人工智能算法，甚至能够实现全流程自动化，为企业带来更高的生产效率和生产质量。最后，通过突破人类思维，人工智能能够创造出新的流程、方法或产品，实现工作组织形式和应用方式的智能化变革。例如，通过使用机器人流程自动化（RPA）工具，企业能够使“机器人”与处理事务、数据及其他数字通信系统进行交互，执行跨越多个应用的复杂嵌套流程。而以人工智能为基础的机器翻译技术则促成了翻译机产品的出现。语音识别、机器翻译等技术构成的翻译软件和专属硬件相结合，为消费者提供了快速对话翻译能力，在出国旅游等情景下得到了广泛应用。

二、人工智能支撑数字基础

目前，中国的数字经济建设步入快速发展的新阶段，加速建设数字中国，推动数字经济发展已经逐步上升为国家战略，并且已经成为落实国家重大战略的关键力量。而以大数据、云计算和深度学习等为核心驱动力的人工智能是当前新一轮科技革命和产业变革的重要驱动力。加快发展新一代人工智能，是推进数字经济建设与发展的重要举措，更是抓住战略机遇的关键。但推动数字经济建设与发展，离不开大量高层次的人工智能人才的支撑。如果说人工智能是“工具”，那么数字经济便是“结果”，AI人才则是“工具”的承载者、应用者与开发者，也是数字经济这一“结果”的创造者、推动者与引领者。

随着人工智能发展的日新月异，以人工智能为重要技术支撑和典型特征的数字型企业不断增多，AI人才需求迅猛增长。因此，只有加大对AI人才的培养力度，为数字经济储备生力军，才能推动其持续、强劲地发展，那么选择一种专门的教育进行AI高端人才的培养就十分必要了。人工智能教育作为一种以人工智能为教育内容，以专门培养AI人才为核心使命的现代化教育形式，契合数字经济发展的现实需求和未来趋势，并且与数字经济的关系十分密切。人工智能教育使学生具备专业的AI知识与技术，提升并强化其适应数字经济发展的能力，间接驱动数字经济的发展；推动数字经济的发展，还可以为人工智能教育持续发

展带来强劲的物力保障和财力支持，二者之间存在复杂的双向交互（协同联动）关系。

通过对人工智能教育与数字经济之间复杂关系的多维解读可以发现，在“应然”状态下，人工智能教育与数字经济之间是一种“互动共生”的生态关系，并且推动各协同联动作用主体合作共治、助力激发层次之间的耦合效应，是深化人工智能教育与数字经济协同联动，实现二者联动发展的有效途径和必要保证。因此，为深化人工智能教育与数字经济的协同联动，更好地保障并推动二者联动发展，可尝试以下路径及措施。

（一）构建具有共生性质的生态关系

依据“互动共生”逻辑分析，人工智能教育与数字经济之间的“互动共生”是指人工智能教育与数字经济作为两个相对不同的共生单元，通过“资本要素”这一桥梁连接与驱动，在互相作用、彼此促进与相互制约的过程中，实现互利共生、联动发展，并促使二者“互动共生”达到一种高水平的平衡状态。为达成这一目标，就应积极“构建”具有共生性质的生态关系，即应紧扣“资本要素”的两个“源头”，推动“资本要素”在两个“源头”上的服务和保障互为依赖和支持，保持资本“供给”与“需求”的动态平衡。具体可从三个方面发力。

第一，树立人工智能教育与数字经济的“互动共生观”，为促进“互动共生”联动提供理念支撑。“互动共生观”的确立是二者实现“互动共生”联动的价值判断和推动联动发展实践的方向引领，在促进二者互惠共生、协同联动的过程中发挥着方向指导和理念统领作用。但是，就当前人工智能教育开展的广度、深度而言，人工智能教育在培养AI人才、支撑数字经济发展过程中的作用，未得到很好的发挥和显现。尽管这在很大程度上是由于人工智能教育是一种很“年轻”的教育形式，发展基础较为薄弱，如相关学科、专业基础目前均处在发展形成阶段，但其中还有一个很重要的原因，那就是在寻求人工智能教育与数字经济协同联动的过程中，较少从二者协同联动的前端（观念层面）进行思考。因此，应先树立人工智能与数字经济“互动共生”的发展观念，为推动“互动共生”联动提供理念支撑，并要在具体实践中认识到没有“互动共生”就会束缚人工智能教育与数字经济间协同联动的可持续性，还会制约二者的联动发展。

第二，做好人工智能教育“‘人力资本’源”服务，为数字经济建设与发展提供持续的人才动力与支持。综合其他几种逻辑关系来看，若想做好人工智能教育的“‘人力资本’源”服务，重点是要做好针对AI人才培养的人力资源开发，使其从待开发的人力资源转化为与数字经济发展相适应的人力资本，关键在于要正确把握数字经济建设的特征和发展趋势，尤其是应根据数字化产业及区域数字经济发展的实际和新特点，选择与之相适应的人工智能教育。具体而言就是：作为人工智能教育的办学主体——人工智能教育机构，要按照数字化产业发展和数字经济建设与发展的总体规划（包括国家和地区层面的战略规划），明晰契合区域资源、环境条件的数字化产业和地区优势的数字化产业发展方向，以及区域内数字化产业、企业、产品结构调整与优化的思路及对策，拟定AI人才教育与培训计划，并开发、设置相应的专业、课程，配置师资、选定教材，有组织、有计划、有重点地实施AI人才的人力资源开发。除此之外，为助力AI人才的人力资本持续升值，人工智能教育机构应向社会广泛开放，尤其是要与数字型企业合作，针对数字型企业在职在岗AI人才，积极开展以补充、提高、更新为内容和目标的人工智能教育。

第三，为人工智能教育持续发展提供强劲的物力与财力支持。要想在“‘物力资本+财力资本’源”上为人工智能教育发展提供有力保障，经费“投入”是关键。

首先，在整体层面，根据推进数字经济建设与发展的总体要求和未来趋势，作为当前的“投入”主体——各级政府，应逐渐加大对AI人才教育与培训的投入保障，如在经费投入比例上给予倾斜。

其次，应立足数字经济发展的实际，特别是要依据区域数字化产业、企业和AI人才的人工智能教育、培训规模与需求的综合预测，从社会总体发展所取得的经济收入中提取相应经费，设定专项教育与培训基金给予支持，并根据区域经济增长情况，逐渐提高相关经费支持的比例。

最后，应广纳经费，通过寻求并集聚广泛的社会力量和资源，在经济上保障人工智能教育的正常、有效运转。因此，应注意发挥政府的统筹作用，建立政府、个人、数字型企业等多元主体参与的人工智能教育投入与成本分担机制。通过政府投入、数字型企业和学习者共同分担学习成本，以及多渠道筹措经费的形式，保障人工智能教育及其项目建设与发展的可持续性。

（二）创建主体合作共治的治理模式

基于以AI人才培养为核心使命的人工智能教育工作是一项系统工程，必然需要各方力量的积极参与并寻求合作共治。为更好地发挥各个主体的作用和主动性，弥补每个主体在客观上都是一个有限理性者的缺陷，创建适应AI人才培养要求的多元主体合作共治的治理模式，是使人工智能教育治理走向理性“善治”的制度化选择。因为教育治理是教育现代化的重要内容，并且是一种由政府、学校和企业等多社会主体依托的正式或非正式制度在主体间进行协调及持续互动的行动过程。那么，基于以AI人才培养为核心使命的人工智能教育多元主体合作共治的治理模式，其基本的架构应该是在市场导向下，主要由政府、人工智能教育机构、数字型企业等协同联动作用主体共同组成的一种网络化合作共治的治理体系，其中各大主体在这一治理体系当中的主要角色分别是主导、主体和参与。

为保障该治理模式有效运行，按照治理理论的要求，需要“静态”与“动态”两个层面的配合。在“静态”层面，需要对人工智能教育与数字经济协同联动过程中涉及的各个作用主体之间的关系进行界定，明晰并创建该治理模式的基本理论框架；在“动态”层面，主要是支持该框架有效运行所采用的多重网络化运行机制。由于政府、人工智能教育机构、数字型企业等主体在共治体系运行当中所扮演的角色，以及发挥的作用不尽相同，所以决定了在推动这一治理模式运行的过程中，建立或拟采用的运行机制主要由以下几个机制组成。

1. 建立政府“主导机制”

要围绕AI人才教育与培训这一工作核心，以人工智能教育为主要载体，建立以各级政府及相关行政部门为主体的主导机制。在具体操作中，政府要注意通过做好顶层设计，以善治为导向，充分发挥政府的“元治理”作用，并强化对涉及AI人才培养的人工智能教育与培训工作的统筹服务，即各级政府和相关行政部门（主要是教育行政部门）要逐渐从“管理”视域中的“行政事务”转向“治理”视域中的“公共事务”。从“元治理”维度为人工智能教育与培训做好顶层设计，发挥对相关规划与政策制度体系的制定、人工智能教育培训公共产品的供给与市场秩序维护、相关质量评估与监管等宏观统筹服务职能，并对各个共治主体的权利、职责、利益等进行确立与保障，从而引导、支持与保证人工智能教育与培训工作的正确方向和顺利实施。

2. 建立人工智能教育机构“主体机制”

人工智能教育机构目前作为AI人才教育与培训的主要办学主体，要充分调动和发挥人工智能教育机构的主要办学主体作用，积极构建以人工智能教育机构为主要办学主体的多元主体合作共治机制。因此，一方面，在人工智能教育机构内部，主要包括全国范围或一定区域内的人工智能教育机构，应该组建由AI人才教育与培训委员会主导、相关院校下的同质院系或部门机构协同、相关主要专家教师和学生（学员）共同参与的治理机制，以激发人工智能教育机构内部自我治理的效能。另一方面，在强化人工智能教育机构内部治理的基础上，要创建以人工智能教育机构为主要办学主体，政府、数字型企业等其他主体平等参与、协同合作的多元化治理机制，从而进一步强化和彰显人工智能教育机构在承担AI人才教育与培训工作中的角色地位、使命担当及社会回应性。

3. 建立数字型企业“协同参与机制”

这一机制主要指数字型企业出于对自身利益的关心，或者对AI人才教育与培训工作所蕴含利益的认同，针对这一事业的发展与建设所采取具体行为的一种过程与方式。比如，在以AI人才培养为核心使命的人工智能教育工作中，数字型企业应给予人工智能教育机构积极的指导和AI人才需求信息反馈，共同参与相关措施的制定和协同育人，提供实践与实训基地等。正如前述分析，数字型企业既是AI人才就业的主要载体，也是与人工智能教育机构协同育人的重要主体，这就决定了数字型企业协同参与AI人才教育与培训的地位和作用，而且AI人才对数字型企业的生存和发展具有重要意义，因此数字型企业更应与其他主体形成协同，积极参与合作共治。

另外，根据“主体交互”逻辑分析，为促进AI人才的供需匹配，各协同联动作用主体要以市场需求为导向，通过市场的辅助性调节，更好地激发和保持各大协同联动作用主体参与合作共治的活力和市场适应性。

三、人工智能引发数字变革

人工智能第一次兴起，源于计算机可以用于解决一些原本只有人类才能完成的复杂事情，比如，计算代数应用题、证明几何定理、学习和使用英语等。但受制于当时算法的不完备和计算机硬件能力的不足，人工智能并未达成人们所期待

的结果，并陷入了低谷。

人工智能第二次兴起，则是以“专家系统”的理念进入人们的视线的。但算法架构的局限性与实际生产业务的高度复杂性之间不可调和的矛盾，严重降低了人工智能带来的实际价值，使得人工智能又一次陷入了沉寂。

从20世纪90年代后半期至今，人工智能迎来第三次兴起。这一阶段，互联网和计算机硬件产业的飞速发展，使得支撑人工智能发展的算法、数据、硬件这三方面核心要素都取得了长足的进步。在算法层面，近年来深度学习技术快速发展，推动了人工智能的应用在多领域落地；在数据层面，互联网发展带来的大量数据积累，为人工智能算法的实践提供了良好的数据基础；在硬件层面，GPU（图形处理器）、TPU（张量处理器）等新一代芯片，以及FPGA（现场可编程门阵列）异构计算服务器等新的硬件设施，正在大范围用于专门的人工智能计算。

目前，较为重要的人工智能核心技术可划分为：深度学习、计算机视觉、智能语音、自然语言处理、数据挖掘和芯片硬件六类。

第一，深度学习技术基于对神经网络算法的延伸，可以自动学习大数据中的特征信息，极大地简化了传统机器学习算法中所需的特征工程。当前，在一些诸如物体、图像和语音等媒体的识别方面，深度学习算法都取得了非常好的效果。同时，结合深度学习与强化学习所形成的深度强化学习技术，更是能在空白状态下进行自主学习来实现具体应用。

第二，计算机视觉技术包含图像识别、视频理解、增强现实/虚拟现实（AR/VR）等核心技术。其中，图像识别以对静态图像的分析和处理为主，发展较为成熟；视频理解则是随着近年来视频类信息的大量出现而新兴的技术，用于对动态视频信息进行分析和处理。此外，结合图像分析技术和传感类技术，AR/VR技术则可以在三维空间中生成虚拟的环境。

第三，智能语音和自然语言处理两项技术的互相配合较为紧密，这两项技术统称为语音语义识别技术。目前，结合这两项技术，已经能够实现人机间的多轮对话。但是，智能语音技术在方言、朗读语音、多通道语音理解、情感识别等方面仍存在一些技术难点，而自然语言处理技术则在理解和表示知识时仍存在一些关键技术难点。

第四，数据挖掘技术，主要包括数据清理、数据变换、内容挖掘、模式评估和知识表示等多个数据分析过程。目前已有多种成熟的机器学习算法，可用于数据分析操作。但由于许多领域数据收集困难，以及数据结构复杂等原因，使得目前数据挖掘技术的主要技术和实施难点集中在对数据的收集和预处理方面。

第五，芯片硬件是实现人工智能算法的物理基础。由于传统计算架构无法支撑人工智能算法的海量数据并行运算，因此性能和功耗都无法达到实际应用需求。目前，GPU、FPGA等通用芯片基于其适用并行计算的特点，正在被用于一些人工智能应用中。

总体来说，目前各类人工智能技术都已具备了阶段性的研究和应用基础。但从算法到硬件，人工智能技术都还有着更为广阔的发展前景。在当前各类技术应用加速落地的过程中，未来人工智能技术的发展将会获得来自科学研究和商业应用两方面的共同促进。

随着技术、算法的创新和突破，人工智能让诸多商业和生活场景变得更加智能和高效，催生出许多新的业态和商业模式。总体来看，人工智能在金融、零售、制造业、医疗、安防、交通领域的渗透较早，对这些行业的数字化转型正产生深刻的影响和变革。

第三节　5G通信搭建数字高速公路

一、5G让连接无处不在

5G技术作为新一代通信技术，其高速度、低延迟和大连接的特点，为中国数字经济的发展提供了强大的动力。5G，即第五代移动通信技术，是继4G之后的一次重大技术革新。5G网络的三大特点——高速率、低时延、大连接数，为数字经济的发展提供了坚实的基础。在高速率方面，5G能够提供比4G快10倍以上的下载速度，极大地提升了数据传输的效率。低时延特性则使得实时交互成为可能，这对于自动驾驶、远程医疗等技术至关重要。而大连接数则意味着5G网络能够支持更多设备的接入，为物联网（IoT）的广泛应用提供了条件。5G的意义在于万物互联，即所有“人”和“物”都将存在于有机的数字生态系统中。

移动通信每10年变革一次，6G时代即将来临。移动通信在20世纪80年代诞生，历经1G“大哥大”时代、2G通信方式从模拟变为数字、3G互联网应用具备雏形，直到如今的5G时代，数据业务占据绝对主导，实现“人与人”互联，同时诞生了腾讯、阿里等互联网巨头公司。5G技术将形成人、机、物三元融合的“万物互联”空间，作为新一代信息通信基础设施，承载人工智能、自动驾驶、VR/AR、无人机等应用，成为下一轮科技浪潮的先驱。

5G三大应用场景开启“万物互联”。ITU提出5G支持三大应用场景增强移动宽带、海量机器类通信和超高可靠低时延通信，满足万物互联的需求。在技术要求方面，5G有8大关键能力指标，其中最受关注的四个方面：1000x容量、1000亿+的连接支持、用户体验速率100Mbps和时延1ms。

5G专网相比前一代产品有诸多优势。专用网络是一个企业内部网络，提供与特定企业的人员或事物的通信连接，并提供这些企业业务所需的特定服务，由企业独立运行并专门使用。与公共网络不同，只有企业内部的授权人员或终端才能访问此网络。5G专用网络是一种局域网（LAN），它将使用5G技术创建具有统一连接性、优化服务和特定区域内安全通信方式的专用网络。专用5G网络是使用5G蜂窝技术构建的，与有线局域网或Wi-Fi等现有LAN相比，可为企业中的设备提供更高的移动性，以及有线级别连接的质量和稳定性，还具有一些基本优势，例如，安全性和覆盖范围广。

二、5G带来数字化革命良机

移动通信技术的不断升级，加速了社会数字化发展的进程。1G时代，采用模拟信号传输，通信时面临安全性差和易受干扰等问题，并且各个国家的1G通信标准不一致，不能做到全球通信。2G时代，从模拟调制进入数字调制，手机具备了上网功能，但是传输速率很慢。随着图片和视频传输的需求诞生，人们对于通信传输速率的要求也日趋高涨，于是3G、4G相继而生。3G的通信标准将信息的传输速率提高了一个数量级，上网成了手机的主要功能。4G的通信传输速率相对于3G有了进一步提升，可以快速地传输高质量的图像、音频和视频等，满足用户对于无线网络服务的要求。但是，随着用户日益增长的使用需求，以及智能化设备的登场，未来数据流量必然会呈爆发式增长。目前，每个4G用户每人每月大约需要3GB的流量，如果运营商全面开放4G上网套餐，则至少需要

20GB才能满足用户需求，以4G的网络能力肯定是无法承受的，从根本上解决用户日益增长的使用需求与运营商网络提供能力不足的矛盾，最好的解决方式就5G。

5G有三大特性：大宽带高速率、低时延高可靠和海量连接。网络速度提升，用户的体验与感受才会有较大的提高。5G通信传输速率较4G有了全方位的提升，下行峰值速率可达20Gbps，上行峰值速率可能超过10Gbps。对网络速度要求很高的业务能在5G时代被推广。例如，云VR的呼声一直很高，但是目前4G速度不足以支撑云VR对视频传输和即时交互的要求，用户还是需要依靠昂贵的本地设备进行处理。依托于5G的高速率，云VR将能够获得长足发展。5G支持单向空口时延最低1ms级别、高速移动场景下可靠性99.999%的连接。5G超低时延的特性可以支持敏感业务的调度，为车联网、工业控制、智能电网等垂直行业，提供更安全、更可靠的网络连接。同时，使得自动驾驶、远程医疗等应用场景走向现实。5G网络每平方千米百万级的连接数使万物互联成为可能。5G网络面向的不仅仅是个人用户，还有企业用户和工业智能设备，5G将为C端和B端的用户或智能设备提供网络切片、边缘计算等服务。5G每平方千米百万级数量的连接能力和多种连接方式，拉近了万物的距离，实现了人与万物的智能互联。

5G使得海量数据的有效传输成为可能，为垂直行业的高质量发展带来了新契机。首先，自动驾驶、智慧城市、智能家居等垂直应用已经走了很长一段时间，但暂时还没有取得突破性进展，关键问题就在于网络连接。在现有的网络下，虽然速度一直在提升，但由于功耗高、可用频段少和高时延等限制，很难将所有硬件设备连接在一起，它们只是单独获得了连接能力，并没有实现真正的连接。5G的多种连接技术可支持海量机器类通信，满足机器类通信所需的低成本和低功耗要求。其次，在万物具备互联能力的基础上，大连接、低时延的5G网络可以实时传输前端设备产生的海量数据，提升数据采集的及时性，为流程优化、能耗管理提供网络支撑。5G具有媲美光纤的传输速度、万物互联的泛在连接和接近工业总线的实时能力。同时，5G可以与云计算、人工智能技术深度融合，向垂直行业领域加强渗透，为垂直行业的高质量发展带来新契机，助推城市的智能升级和企业数字化转型。

三、5G与中国数字经济

（一）5G与数字经济的融合

1. 产业数字化转型

5G技术的推广应用，加速了传统产业的数字化转型。例如，在制造业中，5G网络的低时延特性使得工业机器人能够更精确地执行任务，提高了生产效率和产品质量。同时，5G网络的高连接数支持了更多智能设备的接入，为工厂的智能化、自动化提供了可能。

2. 智慧城市建设

5G技术在智慧城市的建设中扮演了重要角色。通过5G网络，城市管理者能够实时监控城市运行状态，实现交通、能源、环境等多方面的智能管理。此外，5G网络还为城市安防、紧急响应等提供了高效的通信保障。

3. 数字内容产业的繁荣

随着5G网络的普及，数字内容产业迎来了新的发展机遇。高速的网络环境使得高清视频、虚拟现实（VR）、增强现实（AR）等技术得以广泛应用，为用户提供了更加丰富和沉浸式的体验。

4. 电子商务的创新

5G技术为电子商务带来了新的发展模式。例如，通过5G网络，商家能够提供更加真实的商品展示，消费者可以在家中通过VR技术进行虚拟试衣，这大大提升了购物体验。

（二）5G技术推动的数字经济创新模式

1. 平台经济的兴起

5G技术的发展为平台经济提供了强大的技术支持。平台经济通过整合线上线下资源，为用户提供一站式服务，实现了资源的高效配置和利用。

2. 共享经济的深化

5G技术使得共享经济更加便捷和高效。通过实时数据交换和智能匹配，共享经济平台能够更好地满足用户需求，提高资源利用效率。

3. 产业互联网的融合

5G技术推动了产业互联网的发展，实现了产业链上下游的深度融合。企业可以通过5G网络实现数据共享和协同工作，提高产业链的整体效率。

4. 服务型制造的转型

5G技术促进了制造业向服务型制造的转型。企业不仅提供产品，还提供与产品相关的增值服务，如远程监控、维护和升级服务，提高了客户满意度和企业竞争力。

5G技术与数字经济的融合，正在为中国乃至全球经济的发展注入新的活力。通过深入分析5G技术的优势、融合路径、创新模式以及面临的挑战，我们可以更加清晰地认识到5G技术在推动数字经济发展中的重要作用。未来，随着5G技术的不断成熟和应用的不断深化，数字经济将迎来更加广阔的发展空间。

第四节　区块链技术重构社会信用流通体系

一、区块链加速数字经济的发展

区块链是多种技术的创新性融合，其关键技术包括哈希函数与非对称加密、区块与链式结构、P2P通信、数字签名、共识机制、智能合约等。从狭义角度来看，区块链是一种按照时间顺序连接数据存储区块，从而形成一种链式数据结构，并以密码学方式保证不可篡改和不可伪造的分布式账本（分布式数据库）。从广义角度来看，区块链技术是利用块链式数据结构来验证与存储数据，利用分布式节点共识算法来生成和更新数据，利用密码学的方式保证数据传输和访问的安全，利用由自动化脚本代码组成的智能合约来编程和操作数据的一种全新的分布式基础架构与计算范式。

（一）区块链技术优势

1. 分布式存储

区块链作为一种开放式、扁平化、平等性的系统或结构，采用分布式存储和点对点通信，所有参与计算的节点都拥有完整或部分区块链账本，因此区块链的分布式储存架构节点越多，数据存储的安全性也就越高。区块链节点之间彼此可以自由连接，可根据自己的需求在权限范围内直接获取信息，而不需要中间平台传递信息。任意节点的损坏或者失去都不会影响整个系统的运作，系统具有极好的健壮性。

2. 集体维护

传统的数据库是一种单方维护的信息系统，对数据记录和访问有高度的控制权。区块链中的所有节点都可以承担网络路由、构建新节点、验证区块数据、传播区块数据等任务，将对数据访问和使用行为等信息在短时间内大范围地进行全网广播、匹配、核查和认定，数据不再由单一主体单方面控制，需要经过多方验证集体维护，增强了数据存储的一致性。

（二）区块链赋能数字经济发展

区块链推动数据要素高效流通。

1. 助力数据要素确权

区块链的逻辑能够为数据权属确定、数据共享和开放形成支撑。利用区块链的数字签名、共识机制、智能合约等技术可以对数据进行确权，使数据要素的所有者、生产者和使用者都能够作为重要的节点加入区块链网络中，实现数据的授权访问和使用，建立安全可信的身份体系和责任划分体系。再根据不同的身份赋予相应的访问权限，对数据的产生、收集、传输、使用与收益进行全周期的记录与监控，为数据的流通提供坚实的技术基础。

2. 助力创新数据共享和开放模式

区块链技术建立的分布式信任体系能为实现数据完整性提供架构保证。区块链上的每一个区块包含了前一个区块的哈希值和时间戳，所有区块一经形成便无法更改，将数据的访问和使用行为等信息进行全网广播、匹配、核查和认定，保障数据存储、读取、使用等整个过程可追踪、不可篡改，可以提供数据行为的全程记录，有助于加快公共数据开放进程，促进数据资源的高效利用。

3. 助力构建数据监管治理体系

区块链依靠智能合约取代传统的数据协议，实现全自动化流程管理，能及时自动检测发现交易问题，并将警告记录和处理记录同步在区块链上，便于追溯问责，有助于监管部门开展数据要素市场的治理和监管工作。

（三）区块链促进“新基建”主体多方协作

将区块链与网络基础设施结合，可以在确保安全的前提下构建分布式物联网，提升城市网络设备之间的通信效率和可信水平，进一步推动网络互联的移动化、泛在化和信息处理的高速化、智能化，构建“人—网—物”互联体系和泛在智能信息网络。区块链将有助于完善工业互联网，提供更加丰富多源的工业产业链和供应链上下游真实可信数据，实现数据的精准采集和实时上传，有利于产业链协同、供应链管理、供应链金融领域的扩大应用。在能源电力基础设施方面，通过区块链技术将电力用户、电网企业、供应商等设备连接起来，实现不同主体数据共享，有利于多方参与协作。基于智能合约技术能够实现发、输、变、配、用、调等全过程的资源协调配置，大大提高了智慧能源体系运维管理的效率。

（四）区块链加速推动产业数字化转型

将区块链技术应用于传统产业中，有助于促进数据资源优化配置，推动实体经济向智能化和数字化方向转型，促进产业提质增效。

1. 助力实现产业链数据共享和协作

区块链技术可以实现企业内部信息系统数据的分布式存储，提高互联互通的效率，将供应商、生产商、检测机构、物流、监管部门、消费者等参与主体以分布式节点上链，实现商品需求、客户管理、销售跟踪等信息的快速、及时传递和信息协调。区块链有效地解决了信息共享不充分的问题，提高了信息资源的利用率和系统运作效率。

2. 助力产品全生命周期管理

基于区块链的分布式、安全、加密、可追溯的数据存储技术，可以实现农业、工业等产品的全生命周期追溯，实现链上产品信息同步，并对所有链上的产品信息进行实时监控，为用户提供可供溯源的产品。

3. 助力服务业形成新兴业态

区块链技术通过数据可追溯建立信用评价机制，可促进传统服务行业形成公开透明、互利互信的合作机制，基于区块链网络的多方交叉验证，有助于解决中小企业融资难、信任成本高的问题，驱动传统服务业转型发展。

二、数字信用生态体系

通过区块链技术，围绕区块链改变信任方式和区块链的顶层决策机制，我们可以建立《互联网平台数字信用建设与应用规范标准》。把静态的个人、企业数字身份和信用，与动态的应用交易数据相结合的数字信用创新，全面融入区块链新技术。静态信用是平台参与方的主体信用，动态信用是行为信用。使区块链技术可以在信用的基础上，解决好有信平台的使用问题。

通过数字信用标准在互联网应用领域全类别、全方位地建立，可以有效地服务于商业模式和应用场景创新。数字是互联网的属性，信用是金融的属性，区块链是数字和信用的结合，是数字信用的工具，是有信交易的技术保障，是商业模式和应用场景创新的基础。区块链对于有信交易的影响，将不亚于互联网对通信的影响。区块链不是一个简单的商业风口，而是一个有信交易的商业创新时代。

区块链技术中有很多新概念，包括智能合约、DAO、通证等。从机制创新视角来看，其核心围绕着区块链改变信任方式和区块链的顶层决策机制，包括为开展和维持正常活动的DAO/DAC顶层决策组织，以及需要经费而发行的通证Token。对参与活动和流动的对象，按工作和权益证明，进行激励和奖励POW/POS/DPOS/NPOS共识机制，例如，社群的组织、活动的开展、流动挖矿的形式等。

（一）区块链的信任重置

事实上，我们可以通过观察得到，上述区块链的几个特点其实是对信任机制的一种重置，是完全从技术角度提供的一种信任解决方案，这种解决方案在区块链的世界里被称为智能合约。有了智能合约，可以让数千万的节点形成共识，这些节点至多存在一些权重差别，而不存在能够篡改规则的“中央处理节点”。因此，这是一种超脱于人性思维的数字信任法则。基于这种信任法则，会改变很多社会行为的规则与方式。

（二）区块链的DAO组织

一个完全由区块链技术构建驱动的网络社会空间里面，必然存在一个在当中以类似投票的方式形成共识，并由共识生成智能合约来执行的组织，这种组织可以认为是在没有任何人为干预的情况下运行的公司，并将一切形式的控制交给一套不可破坏的业务规则的节点集合，我们把它称为去中心化自治组织（DAO）。

一个成功的DAO组织的建立，除了区块链本身被赋予的价值和职能，一个最为重要的因素便是激励机制。通常情况下，在链式社区当中，没有中心化的管理，同样也就没有中心化的责任，那么零散的节点没有利益的驱动作为前提是很难形成共识的，甚至参与链式社区的理由都未必成立。因此，往往在链上有一个“通证”来作为激励资产，用来激励那些在社区中参与付出的节点单元。对于节点单元则通过付出时间、计算效能、存储空间等图灵做功来获得通证，这一过程即“挖矿”。而计算做功和获得激励的规则，则是每个DAO社区采用的共识机制。

（三）区块链的共识机制

DAO当中有类似投票的方式来将某些“提案”形成“共识”，再生成智能合约的处理流程，在这一流程当中的“投票”机制有多重类型。通常来讲，我们既希望形成共识的节点利益互不相干，同时也希望节点之间存在与利益相符的投票权重，而发展到今天的区块链已经衍生出了多种共识机制，适用于不同的DAO组织。

1.POW 机制

工作量证明机制，即获得多少奖励，取决于你贡献的工作量。以“挖矿”的比特币为例，参与“挖矿”的计算机性能越好，记账形成的区块越多，分给你的奖励就越多。挖矿潮多半是在POW机制下运行的链上行为。

2.POS 机制

权益证明机制，即根据你持有链上通证的量和时间进行利息分配的制度。这种制度的理论基础类似于现实社会的“股权”，大量通证持有者的利益一定是与DAO组织的利益更同步的。所以，在POS机制下，“挖矿”收益正比于币龄，而与计算机的计算性能无关。在POS机制下，通过对DEFI（去中心化金融）产品存入资产，增加资产的持有权重，从而获得更高效收益的方式被称为流动挖矿，目前在以太坊DEFI和以太坊2.0上应用较多。

3.DPOS 机制

委托权益证明机制，即由普通节点投票先选出超级节点，再由超级节点具备DAO组织的决策投票权。如果超级节点不能够履行职责或多次恶意利用权限，则可以通过委托人（普通节点）投票将其除名。DPOS是目前比较受欢迎的DAO共识机制，因为它更适合现在普遍应用的联盟链。当下流行的矿机项目当中也有很多选择DPOS机制。

4.NPOS 机制

提名权益证明机制，是POS的一个变种。在NPOS共识协议中，存在验证和提名人两个角色，一个对应着在其中工作的矿工，一个对应着手中持有通证的权利人，两者的收益规则完全不同但合理分配。目前很多区块链技术人非常推崇的波卡（DOT）采用的就是NPOS机制。

（四）区块链的 DAO 组织运营

DAO组织是靠规则来自治运行的节点法则。在最初构建链的时候将一些规则制定好，比如，选择什么样的共识机制、共识机制里面的参数如何设定，以及形成共识后如何成为智能合约来自动执行。完成上述工作后就像上苍将规则赋予了人间，社区按照规则自治化运行下去，在社区中也可以出现一些有组织的活动。当然，这需要DAO组织成员来发起并获得共识才可能运行下去。

三、提升政府数字化治理能力

为解决政府在智慧社会建设中存在的诸多难题，需要一种足够安全、可靠、灵活的技术。区块链技术的出现，完美地契合了以数据为驱动的国家治理体系和治理能力现代化的内在要求。区块链技术是在记账技术与信息技术的推动下，在提升组织间协作效率与构建数字社会的需求牵引下，产生的以“信任自建”“共享开放”“高度自治”为主要特点的数字技术。

在社会治理和公共服务中，区块链技术有着广泛的应用空间，将有力地提升社会治理数字化、智能化、精细化、法治化水平。随着大数据、云计算、5G技术的广泛应用，人与人的联系拓展到人与物、物与物的万物互联，数据已成为数字时代的基础要素。当应用于数字金融、医疗服务、版权保护、商品溯源等领域时，区块链技术将为这些领域的管理者和服务者提供可靠的数据信息。

（一）区块链技术可以提升社会治理智能化水平

区块链技术中的共识机制、智能合约，能够打造透明可信任、高效低成本的应用场景，构建实时互联、数据共享、联动协同的智能化机制，从而优化政务服务、城市管理、应急保障的流程，提升治理效能。例如，依托区块链建立跨地区、跨层级、跨部门的监管机制，有助于降低监管成本，打通不同行业、地域监管机构间的信息壁垒。当审计部门、税务部门与金融机构、会计机构之间通过区块链技术实现审计数据、报税数据、资金数据、账务数据的共享，数据造假、逃避监管等问题将得到有效解决。

（二）区块链技术将推动社会治理法治化

在司法、执法、行政等领域，区块链技术与实际工作具有深度融合的广阔空间。当然，我们也要看到，包括区块链在内的最新科技成果，在应用初期难免会出现不成熟、不规范等问题。这就要求我们进一步加强对区块链等技术的基础理论和标准体系的研究，制定专门的法规，为新技术的应用和发展提供指引。完善与电子数据相关的法律法规，有助于更好地厘清开放共享的边界，明确数据产

生、使用、流转、存储等环节和主体的权利与义务，实现数据开放、隐私保护和数据安全之间的平衡，进而促进科技与社会治理的深度融合。

（三）区块链技术可以促进社会扁平化治理

区块链技术构建了一个基于社会共识的可信社会治理体系，同时结合了分布式身份管理、行为治理等手段，相较于传统治理系统，基于区块链技术的社会治理系统中间层级减少，人们的参与度更大，社会治理的扁平化程度增强，更加亲民。分布式身份管理，将现实世界的身份映射到区块链系统的虚拟网络中，将生物特征（如人脸）和行为特征（如步态）上链存储，保证身份可信。利用零知识证明等密码学技术，让每一位参与者在隐私保护下接受身份验证，让执行身份验证工作者无法获取参与者额外的隐私数据。经过分布式身份认证的用户，无须再通过其他方式证明自己的身份，减少了烦琐的认证过程。

（四）区块链技术可以促进社会治理及服务过程透明化

第一，区块链技术将账本信息公开，使得系统中的每个人都可以看到链上存储的内容，有利于政府信息的公开化、透明化，可以减少政府在社会治理过程中与治理对象间的信息不对称，方便民众更快地获取自身需要的信息，提高政府机关的办事效率，更好地促进了社会治理协调、有序的进行。

第二，区块链技术中包含时间戳及单向函数等技术，通过密码学手段保证了链上信息的不可篡改性，建立不可篡改的数字证明，为人们提供更有效的公证与认证服务，在知识产权、税务等领域建立新的认证机制。区块链技术的链式追踪特性，可以用于产品的防伪溯源。食品药品监管部门可利用区块链技术解决商品流转过程中出现的假冒伪劣问题。同时，可在教育、医疗、供应链等领域构建一个完整的全周期记录，保证整个流程安全可信。

（五）区块链技术可以促进社会治理智能化

区块链技术具有可编程的智能合约。智能合约是一种基于功能函数，以数字形式被计算机识别，并可以自动执行的智能协议。利用共识机制和智能合约，可以打造透明可信任、高效低成本的应用场景。利用智能合约在多部门之间进行数据共享和联动协同，可降低社会治理的管理成本，并打通各部门之间的数据壁垒，同时结合物联网、人工智能等技术，有效利用数据预测社会需求，预判社会问题，增进社会共识，提升社会治理智能化水平。

（六）区块链技术也是生产关系的革命

通过“网状协同”的底层技术，支持降低人与人之间交换与合作的成本，推动人类分工的进一步细化，有助于打造互通互联生态产业体系，建立全球生态和谐新秩序，为全球经济治理体系变革注入强劲动力，为构建“人类命运共同体”贡献一份全球治理的“中国方案”；打造基于区块链的开放、包容、均衡、普惠的世界经济合作新架构，寻求同沿线各国各地区的利益汇合点，发展全球利益共识关系，促进贸易大繁荣、投资大便利、人员大流动、技术大发展的和合共生局面，实现“区块链”探索全球合作共赢路径的使命。

（七）区块链技术与中国特色社会主义制度有着诸多契合

“难篡改可追溯”（自我约束且自我管理）、“共识机制”（集体决策且自我调整）、“激励机制”（多劳多得且优绩优酬）、“智能合约”（诚实守信且自动履行）等，形成了“集体共识、信任传递、价值流通”等核心功能。通过降低信任成本的方式，解决信任问题，优化社会结构，重塑社会的诚信价值体系，使政府和社会更加透明、诚信，达成以人为本、公平公开的民主化思维共识；通过信息共享、全民参与的模式，调动更多人的主观能动性，并且真正激发其主人翁精神，有助于构建人民生活幸福、关系和谐的社会，体现中国传统文化的核心价值取向，实现国家富强、民族振兴、人民幸福，充分体现出社会主义制度的优越性。

另外，数字经济是推动信息社会发展前提、基础和核心驱动，是信息社会发展的根本保证。信息社会则是数字经济发展的最终目的，并为数字经济发展提供精神动力、智力支持和必要条件。互联网模式下的数字经济是以人工智能、大数据计算、云计算等技术为抓手，带动整个经济活动过程并创造效益的经济模式。相比传统产业，数字经济对市场的应变速度快，并且投资门槛低，生产环节相对简单，成本较低。数字经济还能避免传统经济活动对自然资源和能源的过度消耗及环境污染。所以，数字经济不仅能实现低投高产、降本增效，还有利于经济社会的可持续发展。数字经济将成为社会生产力升级的强大推动力和经济增长的新

引擎。

区块链模式下的数字经济弥补了传统经济对生产关系作用的缺失，是生产力决定生产关系的必然产物，是信息社会生产力和生产关系的辩证统一。区块链能够界定信息社会生产资料与劳动者之间的生产关系，即生产资料归谁所有、人们在劳动中的关系和地位如何、产品如何分配。同时，生产关系的确立，促进实现数字经济的资产数字化，扩展数字经济的维度和空间，从而反向作用于生产力的发展，所以说区块链将成为信息社会的重要组件。

生产力指的是人类利用自然并改造自然的能力。生产力的升级促进新的生产关系的产生，生产力与生产关系之间辩证统一的过程，是促进信息社会发展的根本驱动力量。在数字经济时代，生产力三要素均有不同程度的发展。其中，变革社会生产力的关键因素——劳动资料（生产工具），已经被信息时代的人工智能、大数据计算、云计算等技术代替。而数字经济下的劳动对象，也已由农业原料、工业原料转变为信息社会下通过互联网、云平台、物联网、半导体智能终端感知和采集的数据。

劳动资料与劳动对象被称为生产资料，劳动者与生产资料的关系被称为生产关系。互联网模式下的数字经济，生产关系不合理、不完善、不公平，即生产资料归中心化的数据寡头拥有，毫无成本地支配、使用，并且劳动者在劳动中的地位由中心化系统管理者所控制。区块链模式下的数字经济将重构生产资料与劳动者之间的关系。一是区块链能够凭借密码学技术、不可篡改的分布式账本、点对点网络，建立确权机制，确立生产资料与劳动者之间的所属权和使用权；二是区块链提供共识机制和权限控制等技术，能够在信息社会中完整地复制线下的经济关系；三是区块链中的积分机制和激励机制，将重新定义生产资料的分配法则，丰富和激发数字经济的创新模式和创新理念。

随着区块链对生产关系改变的逐渐深入，其将对各行业产生深远的影响，并加速信息社会的发展进程。但区块链并非万能的，也并不是每个领域都适合并适应区块链所带来的影响。现阶段，区块链对不同细分行业生产关系的重塑程度，主要取决于区块链带来的价值（效率、体验提升、保密性和安全性等）能否高于其产生的成本（建设成本、上链成本和交易时间成本等）。

四、区块链赋能数字资产发展

传统形式的资产登记存储于中心化的数据库中，中心数据库易受到攻击而使资产安全性难以得到保障，并且网络中的数据易被复制和传播，资产难确权，不能够让其所有者获得合理的经济利益。区块链逻辑能够为数字资产权属确定形成支撑。利用区块链的数字签名、共识机制和智能合约等技术，可以对数字资产进行确权，将资产的所有者、生产者和使用者都能够作为重要的节点加入区块链网络中，建立安全可信的身份体系和责任划分体系，并对数字资产的传输、使用、交易与收益进行全周期的记录与溯源管理，为数字资产的流通提供坚实的技术基础。

随着数字技术的发展，传统的纸质票据逐渐发展为数字票据。当前数字票据的主要缺陷如下：一是票据的真实性难保障，目前市场中仍然存在票据造假现象，如克隆票、变造票等；二是票据违规交易多，存在为了牟取私利进行一票多卖、清单交易、过桥销规模、带行带票、出租账户等违规行为，难以有效地管控和防范风险；三是票据信用风险较高，存在商业汇票到期承兑人不能及时兑付等现象。

区块链技术有效地解决了传统票据交易市场存在的诸多痛点，为优化现行数字票据市场提供了更好的选择。一是区块链能重塑票据价值传递模式。采用区块链的分布式结构后，现有的系统存储和传输结构发生改变，使多方节点间建立全新的连续“背书”机制，真实地反映了票据权利的转移过程，直接提高整个票据市场的运作效率。二是区块链能够降低监管成本。数据一旦经过多方共识达成使其上链后，区块链中的全部节点都共同维护同一个账本，所有节点都可作为备份节点，使得单点违规操作无法进行。同时，在共识机制中具有对不良节点的惩罚措施。通过智能合约控制，进一步控制节点操作和票据流转过程，有助于建立更好的市场秩序。三是区块链赋能数字票据信任属性，以达到信任传递。区块链利用多方共识机制实现了数字票据经过多方交叉验证后才生成上链，加密机制的引入实现了对节点的身份验证问题，数字签名、加密机制等多种加密算法实现区块链中数据真实有效且不被篡改，实现了多方信任传递，并且可以灵活、便捷地拆分和重组数字票据。

区块链通过加密算法可以将多源异构的数字资产进行上链存储，使链上数据

可以自由交易。

（一）保障数字资产存储安全

数据经过区块链共识机制达成共识后，会保存在全网节点的数据账本中，单点数据的丢失不会影响数据的完整性。而通过区块链哈希算法提取数据指纹，建立数据和指纹的对应关系，对数据任何形式的造假都会导致数据指纹发生变化，从而保障了数字资产的真实性和完整性。

（二）保障数字资产交易安全

区块链以链式结构对数据进行存储，并对数据添加时间戳，这种顺序排列的数据结构使得数据操作和活动都可被查询和追踪，为数据全生命周期审计、溯源提供了有效手段；智能合约的引入能够在不需要第三方的情况下自动执行合约条款，有助于多方参与者根据事先约定规则处理交易、结算事务，从而完成数字资产的安全流转。

第五章　数字经济治理与互联网平台化发展

第一节　数字治理基础设施体系的建设

一、数字治理概述

进入新的历史时期之后，数据已经成为重要的资产和资源，各个国家的竞争已经成了数据之间的竞争。但值得关注的是，数字化生存也带来了一系列问题，在这一背景下，数字治理引起了各国的高度关注。

（一）数字治理的内涵

数字治理是一种新型治理方式，是在数字经济时代下诞生的，也是随着数字技术在各领域广泛应用下出现的一种新型治理模式。从内涵来看，数字治理可从两个方面来理解：一是基于数字化的治理模式；二是对数字化的治理。基于数字化的治理模式就是将数字化作为治理手段，以提高治理效能精确研判、及早预警；对于数字化的治理，就是针对各类数字问题采用的治理方式。目前，对数字化治理的内容包括两种类型：一是在数字时代发展进程中社会、经济、文化暴露出的问题治理，比如数字鸿沟、数字垄断、智能化情感等等；二是数字技术应用过程中出现的一系列风险问题，比如黑客、病毒、信息污染等等。数字治理囊括的范围较广，涵盖微观领域、中观领域和宏观领域。宏观领域有全球化的治理、社会化治理等；中观领域有产业治理和行业治理；微观领域则包括平台治理、社群治理等。数字化的治理和基于数字化的治理两个内容之间是相辅相成的关系，也是不可分割的。

数字治理从诞生伊始，就表现出了重要的作用，具体需从三个方面来分析：一是数字化转型的客观要求。目前，数字化技术得到了广泛使用，各类技术手段

相互融合，世界已经步入以数字化趋势为核心的全球化发展阶段，在数字化的赋能下，促进资本服务和商品之间的流动，数字技术也对多个领域产生了深刻影响，实现了实体世界、虚拟世界之间的深度融合。二是数字化的相互依存。三是数字风险的相关问题。在数字化的发展进程中会出现数字风险，这无法避免，比如数字安全问题、数字分配的结构失衡、数字媒体异化、数字垄断、数字空间的隐私权保护等等。数字技术在社会、国家发展的利用过程中也出现了一系列涉及安全性的问题，这对于数字治理提出了更高要求。

（二）数字治理的难点

关于数字治理工作中的难点，主要表现在三个层面。

一是数字治理边界模糊。由于数字化的特殊之处，导致国家的安全空间变得模糊。数字技术的应用并不局限在一个国家中，由此也会引起执法权、管辖权方面的重叠问题。另外，各类新技术的迅速发展让数字治理边界表现出动态化的特点，当前，数字技术已经深入到交通、医疗、通信、能源等诸多领域，让数字安全威胁并不单一存在，表现出了复杂性、动态性的特点。

二是数字治理行为和动机之间出现差异。关于数字治理工作，需要考虑到消费者、经济组织、国家等诸多主体之间的联系。当前，全球化的数字治理危机已经出现，这种危机主要源自各个治理主体行为和动机的差别，之所以出现这一方面的问题，是由于各国经济发展水平不同，数字发展的阶段也各有差别，各个国家对于数字领域的理解和界定具有差别，因此，在数字治理的优先级上也是不同的。

三是数字治理权力的竞争性。当前，各个国家的数字治理行为主体表现出了“权力流散”的特点，在全球层面上，整个数字治理格局出现了霸权性的问题，各个国家的数字治理博弈是规则和科技之间的博弈，各发展中国家为了保护本国市场，对于数字治理工作表现出明显的保护主义倾向。

（三）数字治理的着力点

关于数字治理，可以从几个方面来理解。

从工具理性和人的主体性来看，在数字治理的实践进程中，需更加凸显出数字治理的工具理性，并且也会淡化人的价值、创造力和主体性，受到工具理性思维的影响，行为体只是单一追求动机和效率，没有充分关注到人的责任、情感和道德。在科技创新中，人是起着主导地位的，因此，数字治理工作中必须要充分考虑到人的自然权利和社会权利。

从公权利和私权利角度提升数字治理的多元性。数字化公权利具有扩张性的属性，个人生活、社会发展的细微之处都会成为数字化公权力的内容。当前，参与数字治理的主体是政府和数字企业，公民在其中的地位是一个弱势群体。因此，为了实现数字善治，需要促进政府、企业、用户之间的交流，建立起多元互动的数字化治理生态体系，而政府需要发挥出主导地位，行使好对企业的监管职责，保护好消费者的合法权益。

明确规制和活力之间的关系。两者的关系会影响安全与发展，要实现发展，那么必须要建立在安全的前提基础上，发展则能够为安全提供保障，两者之间是一种同步推进的关系，既要关注安全，也要重视发展。在数字善治模式下，需要做到包容创新、审慎监管，明确安全和发展之间的关系。

强化数字主权、数字合作的联系。目前，在各个国家的发展进程中，对于数字主权予以了高度关注，数字主权也成为关乎国家利益的核心要点，各个国家也围绕数字主权展开了博弈和互动。实际上，数字善治不应该只体现在国家层面意志，也要保护产业与个人权益，通过此来提升整个国家的竞争力。同时，将利益相关方纳入其中，建立起全球数字合作框架体系，以此来提高数字治理的可持续性，建立起安全、和平、开放的数字化环境。

二、数字治理基础设施的基本概念

数字治理基础设施在新型信息技术的基础上诞生，以信息网络作为基础，将各类信息化技术集成起来，满足数据的感知、传输、存储、计算要求，新型基础设施体系能够对社会经济的发展起到支撑作用。从狭义角度来看，数字治理基础设施就是信息基础设施，是在新一代信息技术支持下发展的基础设施；从广义层面来看，数字治理基础设施除了信息基础设施之外，还有各类融合性的基础设施，数字治理基础设施是在信息技术时代下诞生的一项新兴产物。

从预期作用来看，利用信息治理基础设施，为社会的转型和发展带来了强劲动力。当前，第一轮科技革命进入了关键时期，而借助数字治理基础设施，可以有效降低创新成本，打造全新的生产方式，利用智能化、信息化的方式来培育新

动能，为经济发展注入源源不断的技术支持。

从形成方式来看，数字治理设施是建立在信息网络基础上的，在数字化因素驱动下形成的，与原有的基础设施具有明显差异的，在信息技术赋能下诞生的。

从发展层面来看，数字治理基础设施会处于动态的变化过程中，在产业变革的持续推进下，会有各种新型基础设施形态形成，由于当前的商业模式、技术模式还处在初级发展阶段，数字治理基础设施的发展也各有差异。

三、数字治理基础设施的特点

数字治理基础设施具有外部性、公共性、基础性的特征，除此之外，还具有较强的技术创新性，由此也出现了一些全新的特征。

一是活跃的创新能力。信息技术是目前比较活跃的一个领域，在信息技术和经济社会的融合发展下，各个新的信息系统、网络系统应用平台诞生，促进数字治理基础设施朝着多个领域延伸。

二是较强的技术性。传统基础设施的建设步伐缓慢，而数字治理基础设施则与之具有较大的差异，尽管一些技术还没有趋于稳定，但一直处在不断的升级和开发过程中。

三是面向应用。基础设施对于投入的要求各有差别，与传统基础设施相比，数字治理基础设施是基于对数据的采集、分析基础上诞生的，能够快速匹配用户需求，对各类资源做出优化配置，因此，需要源源不断地投入资源。

四是统一标准，重视规范建设。在新型基础设施的运行过程中，数据是关键，也是一项核心要素。如今，数据流动速度越来越快，为了充分彰显数据的价值，需要建立科学的数字治理体系，并且从建设标准、技术规范上明确治理体系的建设要求，使各个设施之间都能够互通有无，促进数据的流通和共享。

五是较强的网络性。数字治理基础设施融合了传统的基础设施和信息化技术，是数字世界和物理世界的深度整合。数字治理基础设施能否安全、可靠地运行，将会影响人们的生活质量，如果遭遇到黑客或者病毒攻击，将会造成不可估量的损失。

六是对创新型人才需求较大。数字治理基础设施的更新速度较快，并且也在不断的处在跨界融合过程中，要实现发展，对于人才和技术都提出了更高要求，为了满足数字治理基础设施的建设要求，需要培育掌握软件、信息通信和传统领域知识的复合型人才。

四、数字治理九大创新体系的内涵及路径

数字治理九大创新体系是一个相对完整的体系。九大创新体系指的是“三横”“六纵”：“三横”是指数据资源体系、开放创新体系及协同治理体系，是数字治理之“横梁”；“六纵”是指政策法规体系、组织领导体系、标准规范体系、数据治理体系、安全保障体系及建设运营体系，是数字治理之“立柱”。其中，“三横”以数据资源为核心要素，解决了数字治理中部门间的横向联通、纵向贯通及对外协同的核心问题，有效地实现了数字治理中“三融五跨”，是数字治理体系的核心与关键；“六纵”都要紧扣数字治理“三横”，为数字治理中的数据畅通、横向联通、纵向贯通及对外协同提供保障。“三横”中的数据资源体系是建设数字治理创新体系的基础资源体系。数据资源包括政府数据、企业数据、社会数据三大类，具有非线性、可复用和可生长的特征，其价值在于数据能在有效、充分的流动过程中体现价值。数字治理主要是围绕数据展开的治理，包括对数据的治理和基于数据的治理。

开放创新体系是推进数字治理创新体系的重要手段。开放创新是数字治理的重要手段，也是数字治理的本质要求。只有开放搞治理，才能发挥众治、共治的作用，实现智治。开放创新是数字技术的基因，数字技术通过对人赋能，降低社会创新的门槛，激活全社会的创新活力。开放创新体系既强调政府的信息公开、数据开放、能力开放及政策和场景开放，也强调企业、科研社群等具有海量多源异构数据的多元社会主体开放数据，让这些社会主体通过产业创新开放平台等多种渠道，与政府进行数据互通共享。开放创新体系的核心是通过数字聚合，汇聚各类创新生态要素，使基于数据的创新资源能够在不同主体间自由流动，为社会中的每个人赋权，通过开放平台激发社会广泛、深入参与政府治理。

协同治理体系是建设数字治理创新体系的关键目标。协同治理是协同逻辑治理的本质特征。建设协同治理体系，核心是重新思考数字时代中政府的组织形态应该是什么样的，政府与企业、公众的关系如何，政府与企业、社会如何良性互动、共促发展等问题。越来越多的实践表明，在数字时代，政府可以运用数据挖掘、数据分析、主题分析和情感分析等各种大数据，对政务微博、政务微信、政务App、小程序及政务热线等各类平台上的民情数据，进行穿透式处理和可视化

分析，来感知民情、回应民意。在此过程中，政府如何促进广大公众充分表达诉求、参与政府治理，政府如何协同技术企业、科研社群等社会主体通过共同开发应用场景、分析民情大数据来辅助政府决策，以及政府如何与各主体高效互动以实现即时、高效、精准、智能回应民意，则需要协同治理体系的系统性建设予以支撑。数字治理创新体系“六纵”中的政策法规体系为数字治理提供指引，划定了边界和红线。

在数字时代，新技术、新模式、新应用、新产业不断涌现，传统的政策法规体系虽然为创新提供了支持，但同时也表现出不能适应创新实践需要的特征，成为创新的主要障碍，需要与时俱进，不断改善。数字治理政策法规体系表现出了一些显著的新特征，比如发展性与包容性、迭代性与创新性、开放性与服务性、精准性与前瞻性等，这些新特征呼唤建立新的数字治理政策法规体系。为适应数字治理的特征与发展趋势，政策法规体系需要从政策理念、政策体系、流程机制、政策服务四个方面进行全面升级。“六纵”中的组织领导体系是最重要的组织保障。

在数字化时代，人、组织、物都被互联网广泛连接起来，组织变得更加扁平化、柔性化，每个人都可以成为数字治理的主体。以职能作为边界的组织领导体系难以适应社会大协同的数字治理需要。构建新型的组织领导体系，需要提升政府的信息领导力，打造面向未来的柔性组织，调动一切可以调动的社会资源，实现政府与社会的大协同。

标准规范体系既包括大家最为关注的数据标准、技术标准和应用规范，也包括新型基础设施及政务业务流程的新型标准规范。作为通用技术的数字技术，与政务、农业、制造业、服务业等传统业态的深度融合，不仅对传统产业进行了系统性升级和渗透性改造，而且催生出越来越多的新业态。建设数字时代的标准规范体系，既要升级传统物理基础设施、传统行业的标准规范体系，也要加快建设面向新技术、新业态和新模式的标准规范体系，以适应业态创新的需要。

数据治理体系最重要的任务是在保障数据安全的前提下，充分发挥数据价值，实现数据资源的优化配置。要根据数据资源特有的可复用性，探索建立与数据要素相适应的组织领导机制、数据治理体制、有效的考评和激励制度等。从体制机制上，完善数据治理体系；从技术和方法论上，探索覆盖数据采集、存储、利用、开放共享等全生命周期的治理方法和手段，提高数据资产的精细化管理和数据融合能力，使数据“能用、好用、易用”，消除数据孤岛，畅通信息高速公路。

安全保障体系是数字治理的重要支柱。安全与发展永远是辩证的关系，安全是发展的基础，发展提升安全保障能力。在数字时代，随着数字技术不断向社会各领域拓展，传统的安全问题可以借助数字科技解决，但新型安全问题日益凸显。数字治理最重要的安全是数据的安全，数据不仅关乎个人隐私，也关乎国家安全。当今人们已经习惯用个人信息作为数字时代的“通行证”，愿意通过“让渡”个人信息来使用一些互联网应用，推动了我国互联网应用的创新发展。但也正因为大量个人信息的“让渡”，导致社会上个人信息被过度收集和滥用，出现了大规模的数据泄露安全事件。建设数字治理的安全保障体系，既需要先进的技术保障能力，确保在网络安全事件发生时，有能力应对和处理，也要有与时俱进的安全理念。数字时代的安全，绝不仅是技术人员或技术部门的事，而是每个人的责任和义务，我们要重视制度、行为规范、安全意识，以及软性的安全保障建设。

建设运营体系的核心是重新思考在数字治理背景下政府与市场的关系。政府推动数字治理，既要保持政府的主导性，确保数字治理在正确的方向上前进，又要注重发挥市场配置资源的基础性作用。数字治理高度依赖数字技术的创新应用，其建设和运营都与传统数字化项目有本质区别，既强调技术的领先性，同时也非常重视市场化的运营，要通过科学合理的持续运营而实现良政善治。市场主体对市场需求有深刻的洞察能力、技术创新能力及持续运营能力，在数字治理生态的构建中发挥着至关重要的作用。数字治理可谓“三分建设七分运营”，唯有科学的数字治理运营体系，才能建立完整的数字治理链路，才能在关键时刻保证数字治理不“失灵”。

五、数字化能力的纵横拓展

（一）从消费到产业

当前，泛5G已经在多个领域中得到了广泛推行，数字化应用创新也发生了明显变化，逐步从个人消费领域朝着社会治理的方向来发展。产业数字化转型不同于消费领域转型，其转型目标是促进生存发展、降本增效。因此，相关主体需

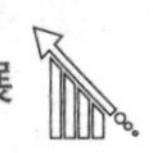

要具备良好的数字化资源管理能力，做到安全可靠、经济便捷，在产业数字化的发展进程中，需要以关键业务场景为出发点持续地进行创新。

（二）从工具到交易

除了关注运营技术的深化创新之外，还需要关注企业数字化的转型和升级。企业发展的本质就是交易，在企业的数字化转型进程中，就是利用各种数字化手段建立完善的交易架构，缩短企业与供应商、用户之间的距离，从而提高企业的社会效益和经济效益。

（三）建立数字产业创新生态的企业实践

如今，产业环境日趋复杂，要促进数字经济的发展，提高竞争力和生产力，需要培育出多元化的创新生态，发挥出设备商、中小型企业、大型企业、数字运营体的优势，明确各个主体在产业链中的定位，打造协同发展的体系，构建出互惠共赢的生态链。

第二节　数字治理环境打造与监管

一、数字治理营商环境的打造

（一）发展原则

1. 前瞻布局、创新驱动

坚持定位高端、超前谋划，坚持前瞻性、系统性发展思维，有序推进产业、创新、市场和数字治理体系建设，构建数字经济和数字化发展生态。利用技术模式服务和管理方面的创新，培育新业态、新模式，建立高端产业集群，提升全要素的生产率。融合发展、安全有序。深入推进数字技术与经济社会各领域全面融合，构建数字化融合场景供给多元态势。以场景应用为抓手，完善融合发展生态体系，推动高质量发展，创造高品质生活，实现高效能数字治理，打造具有特色的数字化融合发展创新区。统筹发展和安全，建立包容审慎的监管制度，防范数字经济发展中的重大风险，强化产业链供应链安全稳定，保障数据和网络信息安全，确保数字经济发展安全可控、规范有序。

2. 突出特色、示范引领

坚持立足发展基础和发展优势，紧密围绕数字产业化和产业数字化两大方向，打造独具特色的数字经济和数字化发展路径和产业集聚区，以企业智能化改造和数字化转型为主要突破口，促进产业集群向更高能级的创新集群演变。谋划一批具备前沿性、典型性、基础性的数字经济重点项目，分情况建设国内、省内、市内发展示范区，鼓励优秀企业先行先试，以点带面，总结形成可复制、可推广的典型经验。

3. 政府引导、市场主体

充分发挥政府的引导作用，营造有利的市场环境。以行业应用带动数字经济发展，围绕本地及周边地区产业结构对数字经济和数字化发展需求进行招商引资和产业布局。发挥出市场在资源配置方面的作用，并且要坚持企业的主体地位，激活各个主体的参与活力，鼓励特色化发展，形成多元参与的数字经济发展格局。

（二）创新驱动，打造全国数字城市标杆

1. 打造国内先进的数字基础设施高地

不断夯实新型基础设施建设，加快建设以5G网络、一体化数据中心体系、产业互联网等为抓手的高速泛在、天地一体、云网融合、智能敏捷、绿色低碳、安全可控的智能化综合性数字信息基础设施。加快推动传统基础设施数字化改造，推进新型城市基础设施建设，构建城市信息模型（CIM）基础平台，打造数字城市基础平台，夯实数字经济发展基础。

2. 争创国内领先的数字创新体系

紧跟国家战略部署，坚持科技自强和自立，发挥关键核心技术的引领作用，建立起重大的科研机构、创新平台和基础设施平台，提升知识产权的创造质量，使价值链能够从目前的中低端朝着高端方向延伸，打造“硬科技”，提升创新策

源能力，争创领先的数字化创新体系。

3. 打造国内领先的数据要素市场化示范高地

推进数据汇聚，形成政务大数据资源中心，建设政务大数据数字治理平台，建立数据血缘关系图谱，打造全流程数字治理闭环。推进数据共享，建立健全权威高效的数据共享统筹协调机制，实现目录同步、一点申请、跨级审核、便捷共享、全程可溯。推进数据开放，加快数据开放立法，依托公共数据开放平台，推动重点领域公共数据开放开发和创新应用。

4. 打造具有国际竞争力的数字产业高地

继续深化数字协同创新，提升社会治理、政务服务等方面的数字化建设水平，建立一批先进的数字治理实验基地，打造发展新格局，为整个社会的高质量发展提供数字方面的支持。

5. 打造具有国际影响力的制造业数字化转型示范高地

深化战略，加快制造业智能化改造和数字化转型，促进制造业和互联网融合发展。推动企业数字化改造、信息化建设和智能化生产，推出一批智能化创新产品，建设一批智能工厂和数字化车间，培育一批智能化标杆企业。整合产业链上下游资源，构建工业互联网标识解析体系，提升工业互联网平台服务能力，加快建设国内领先的数字智造中心。

6. 打造自主可控的数字安全体系

建立健全网络安全协同数字治理体系，强化数据安全主体责任，保障关键信息基础设施稳定运行。健全政务信息资源安全标准、技术规范和管理制度，探索政府数据分级分类，推动政府数据确权管理，加强政府数据安全责任管控，加快构建安全的保密技术体系，加大信创产品应用推广力度，加强商用密码应用和安全性评估。完善工业互联网安全保障体系，保障企业数据安全。增强数字安全领域突发事件监测预警、分析研判和应急处置能力，推进网络综合数字治理，维护意识形态安全，促进数字经济健康发展。

7. 打造国际一流的数字创新生态

深入实施数字经济创新发展战略，积极融入长三角一体化数字经济产业生态，进一步夯实数字产业发展基础。促进要素市场的发展，遵循开放共享原则，共同发挥出社会数据的价值。建设一批特色鲜明的数字产业园区，引育一批产业创新高端人才和龙头企业，积极创新金融服务体系，优化营商环境，加快长三角协同创新，建立国际一流的数字创新生态。

（三）营造数字营商环境氛围，优化数字政府建设

推动长三角地区数字统一市场建设，优化区域营商环境深度合作。明确数字化市场规则，建立完善的沟通和协调体系，逐步建立监管规则构建数字经济一体化标准。利用行业协会、产业联盟等建立高效的联动机制，共建良好的数字化营商环境，推动数字经济高质量发展。

近年来，随着全球数字化的快速发展，数字政府建设和营商环境的优化成为许多国家和地区重要的发展目标。数字政府建设是指利用各种数字化技术，通过公共服务和网络渠道，为公众、企业等提供更加高效、准确和便捷的服务。而营商环境的优化则是指各种制度、政策和服务措施，以便吸引更多国内外企业和投资者前来投资，并推动经济的稳定增长。数字政府建设与营商环境的优化是相互促进、相互依存的。数字政府建设可以为营商环境的优化提供有效的支撑和服务保障，营商环境的优化又可以为数字政府建设提供更为广阔、开放的发展平台和应用场景。因此，数字政府建设与营商环境的优化都是推动现代化经济发展的重要手段和路径。下面从数字政府建设和营商环境的优化两方面，分别进行探讨。

1. 数字政府建设的发展趋势

数字政府建设的核心内容是数字化转型。其中重要的目标是实现政府数字化、网络化和智能化，提高政府工作效率，优化政府服务质量，推动政府治理现代化。近年来，随着国家数字化建设的逐步深入，数字政府建设的发展势头也日益迅猛。其中，以下几个方面是数字政府建设的重点发展方向。

（1）数据共享和应用推广

数字政府建设的核心在于数据，政府部门的各种数据资源是数字政府建设的核心和支撑。因此，各级政府部门需要加强数据共享、协同和优化利用，形成

数据共享的基础设施和平台，实现纵向、横向数据共享和共同利用。同时，政府也需要提高数据应用能力，将各项政府服务通过数字技术的手段、方式向外部提供，为公众、企业、社会等提供更加准确、高效、便捷的服务。

（2）政务大数据的应用

政务大数据是数字政府建设的重点之一。政务大数据指的是政府各部门长期积累的海量数据，经过整合和加工变成具有价值的信息资源和知识库等。政务大数据的应用可以帮助政府部门更加全面、准确地了解行业、市场和公众需求，从而更好地为公众和企业提供政务服务和决策支持。

（3）多平台和多渠道的建设

随着IT技术的普及，数字政府建设需要建设多种应用渠道和平台。政府应该利用多种数字化平台，包括政府网站、移动应用、公众号平台等，将数据、政策等信息向外部发布，并通过这些平台为公众提供多样化的政务服务。

2. 推进营商环境的优化

推进营商环境的优化是各国发展的重点之一。营商环境优化的核心是促进市场经济、全球化和数字化发展，保护产业和投资者的权益，建立公正、公平和透明的市场环境。以下是营商环境优化的重点措施。

（1）改善法治环境

法治环境是营商环境优化的前提和保障。政府要积极推进法治建设、加强法律与法规制定、完善体制机制和司法审判，使企业和投资者在市场竞争中得到公正、公平的待遇。

（2）减少行政审批和减轻税负

对于企业来说，行政审批程序是一项极为耗时和费力的工作。因此，政府要加快行政审批流程的推进和简化，减少政府部门之间的重叠审批和重复劳动。同时，政府也要合理减少企业和个人的税负，将政策和法规真正落实到实处，减轻企业和个人的负担，刺激市场活力和经济增长。

（3）优化服务质量和提高公共品质量

营商环境的优化不仅仅是为企业和投资者提供公正和公平的市场环境，更要提供高质量的服务和高水准的公共品。政府要积极调研市场需求和投资者需求，加强公共设施的建设和配套服务的提供，进一步提高城市的品质和生活水平。

数字政府建设与营商环境的优化是推动市场经济和数字化发展的重要措施和方向。数字政府建设和营商环境的优化不仅在技术上和理念上互为支撑，更体现在政府部门的转型和市场环境的优化等多方面。因此，政府在数字政府建设和营商环境的优化方面，不仅需要制定切合实际的规划和政策，更需要加强与企业、社会和公众间的密切联系和沟通，更好地推动数字经济和市场经济的发展。

综上所述，数字政府建设和营商环境的优化是推动经济转型和数字化发展的关键环节。数字政府建设可以优化政府服务、提高效率，而营商环境的优化则能够吸引更多的投资、促进市场竞争、激发经济发展活力。因此，政府应加强政策制定和落实，简化审批流程，减轻税负，优化服务质量和提高公共品质量，以营造良好的数字经济发展环境，引领市场经济转型与数字化前行。同时，政府也需要与企业、社会和公众密切合作，共同推动数字经济与市场经济的发展，为社会经济发展提供更好的支持和机会。

二、数字治理的沙盒监管

在互联网技术的加持下，金融行业发生了显而易见的变化。金融科技日益成为经济社会信息化水平提高的一个重要方面，也成为全球金融创新的热点，并且逐渐成为未来金融业竞争的重要领域。但同时，金融的创新往往伴随着对传统制度、体系和结构的“破坏”，这一“破坏性创新”的特质令监管陷入两难。

面对如何建立大型互联网企业有效的监管框架，在金融安全和金融创新之间取得平衡的问题，监管沙盒应运而生。作为一项起源于金融领域的监管创新模式，“监管沙盒”机制在数字治理领域的应用也正逐步增多。

（一）隐私监管沙盒的积极意义

隐私监管沙盒是监管沙盒的一种，是旨在探究“隐私保护与激发科技创新”两者的良性互动的新型沙盒。同金融领域的监管沙盒类似，隐私监管沙盒不论对公司企业、监管者还是消费者而言，均具有积极意义。

1. 公司企业：在较低的隐私合规风险下进行技术创新

隐私监管沙盒为参与者提供了一个“安全环境”，以缓解技术创新和法律监管之间的潜在矛盾。入盒的企业能够同监管者展开积极、广泛的合作，并在真实

世界，而不是模拟环境中去测试它们的创新产品是否满足合规要求，由此得到的结果及对产品的修正，更加具有实践的指向性。

此外，产品合规的不确定性、进入市场的周期与潜在风险等将显著降低。入盒的企业在隐私监管沙盒中得到了保证，因此在法律监管方面能够得到一定的豁免。这有助于企业在创新技术的同时提前明确可能的合规问题，从而帮助企业及早调整产品。一方面，降低了企业将创新产品引入市场的潜在合规风险；另一方面，也缩短了创新产品进入市场的周期。而这一点对于小微企业而言更为重要，由于在企业规模、财力人力资源方面可能逊色于大型企业，加之出于对成本的考虑，小微企业在技术创新的合规问题上可能存在更大的劣势。隐私监管沙盒能够为其在风险评估、通过设计实现隐私保护、构建企业的隐私保护法律框架等方面提供帮助。

2. 监管者：紧跟科技发展的基础上制定法规政策

监管沙盒能为公共政策的制定者提供更立体的、与实践相关的经验与参照，供监管者制定更有效的法规政策。在隐私监管沙盒中，监管者在数字产品或服务设计的早期便展开调研，这有助于其理解隐私保护法律法规在哪些阶段才能实现，如何得到运用。“通过设计而保护隐私”这一理念能够得到更具体化的理解，从而给相应的立法增加更多的灵活性与可适用性。

透过隐私监管沙盒，隐私保护的监管者将实现与新兴领域内市场主体的对话，并获得一手、新鲜的信息和资讯。监管者能够了解到当下产业中的需求，并集中于法律法规存在的亟须明确的部分进行完善，缓解眼下隐私保护立法与技术高速更新间较大的滞后性问题。

3. 消费者、市场竞争：审慎考虑的数据保护与同类技术的示范效果

对于消费者而言，由于已经在小范围的隐私监管沙盒中对创新产品、服务进行了量身定制的审查与完善，该产品、服务在市场上大范围推广之时便能够更好地保护个人相关的数据权利，为消费者带来真正、全面的价值，而相应的数据处理也将更有信心、更负责任地发生。在更低的数据保护合规的不确定性下，不仅仅是企业本身，包括消费者在内的整体公共福祉将得到提升。

对所有的市场竞争者而言，隐私监管沙盒的相应资料，特别是相关的“出

盒报告”，能够为同行业、同类型或采用类似技术的企业提供有效的参考意见与指引，形成一定的示范效果，促进数据使用和信息流动。此外，从更大的范围上看，如果监管沙盒某一项目涉及技术在隐私保护法方面得到了认可，那么也将鼓励这一类的技术加速应用，也将鼓励其他企业在技术创新上发力。

当然，也需注意的是，监管沙盒的探索实践仍旧处于初级阶段，涉及隐私保护领域的合规问题时也有待进一步协调。除此之外，对商业秘密、知识产权、不公平对待等方面的担忧也是隐私监管沙盒机制在当下面临的诸多挑战之一。但不容否认的是，作为一种监管创新方式，监管沙盒提供了相对包容的空间与弹性的监管方式，形成市场创新者、监管者与消费者三者之间的良性互动，为探索数字治理未来之路提供了一种重要的方法论。

（二）数据治理借鉴监管沙盒

可以说，相较于试点试验，监管沙盒更强调监管机构与市场主体的相互协作与正向反馈，依托法律法规和沙盒协议，在沙盒各阶段精细化管理，从而更有效地激励市场创新、防范风险和保护消费者利益。

尽管监管沙盒起源于金融领域的监管创新模式，但监管沙盒对于数字治理各类复杂议题都具有借鉴性。监管沙盒在数字治理领域的积极效用正逐步显现，当前，数据的价值已经得到了社会的认可和重视，对海量数据聚合、加工产生的价值推动着数字经济深度发展。数据作为新生产要素实至名归。然而，数据共享与数据隐私之间存在着众所周知的悖论。

数据共享带来了数据界限问题以及数据的非可控性问题，也让隐私和安全问题日益凸显。对于数据引发的隐私、安全性等问题，能够控制数据、让数据共享造福人类的数据治理成为现代社会治理的一大主题。

显然，监管沙盒除了利好科技金融的发展与创新的平衡，更为数据市场的治理提供思路。一方面，监管沙盒具有时限性。现有监管机制对大数据市场的监管模式依旧属于事后监管，而监管沙盒的作用时间则是在任何制度创新推向市场之前的测试阶段。另一方面，监管沙盒的运作更具包容性和灵活性。现有监管机制的重点在于要求创新符合所有已定规则，而监管沙盒则主要站在创新的角度，在保证消费者权益的原则下，就不同个案提供其能够提供的便利，以便促成创新走向市场。

显然，监管沙盒的监管理念更具主动性。在作用方式上，现有监管机制遵循的是一种相对被动的监管逻辑，而监管沙盒机制基于监管者与企业之间的沟通，是一种相对主动的监管理念。

尽管监管沙盒作为一种监管创新方式，提供了相对包容的空间与弹性的监管方式，但目前来说，监管沙盒的探索实践仍旧处于初级阶段，涉及隐私保护领域的合规问题时也有待进一步协调。“监管沙盒”在数字治理领域的积极效用正逐步显现的当下，无疑为探索数字治理未来之路提供了一种重要的方法论。如何发挥监管沙盒的效用，在更低的数据保护合规的不确定性下，提升整体公共福祉，还需要人们更多的智慧。

三、我国实施监管沙盒制度的策略

（一）明确监管主体，合理界定监管职责

要更好地助推监管沙盒制度的落地，首先需要明确监管主体，对于监管主体的界定，需从宏观、微观两个层面进行。从宏观层面来看，需要明确我国金融科技监管主体的现状，以此为基础来确定监管主体，近些年来，我国一直在推进金融监管体制的改革，改变了传统“一行三会”的模式，推行“一委一行两会”的模式。但是就目前来看，现有的经委会还未形成科学的运作体系，无法调动内部力量对监管沙盒进行全面指导，因此，还需要加强证监会、央行、银保监会等机构的合作，给监管沙盒提供有力支持，不同主体分别对应相关监管工作，使金融改革能够顺利进行。在监管沙盒的实施过程中，需要充分挖掘地方金融监管机构的作用，金融监管是在民间资本基础上发展而来，在地缘方面有着显著优势，能够弥补中央监管的不足，降低金融沙盒的实施风险，因此，在沙盒测试实践中，可由省一级负责指导，在这一方面，上海自由贸易区的运营就颇具代表性，其在金融创新监管方面构建了联动机制，由银保监会作为监管主体，先进行主体申请，再实施测试评估，接下来是退出和落地推广，这有效促进了自贸区的金融创新。

（二）确立评估标准，明确主客体评价原则

对于测试主体的评估，可以借鉴其他国家和地区的经验。当前，各国和地区

的评估标准各有差别，比如，中国香港的评估要求较高，与之不同的是，英国、新加坡对于测试对象并没有过多限制，反而达到了更好的效果，有效提高了各个企业参与测试的积极性。因此，我国在实施监管沙盒的进程中，需要合理控制进入阈值，如果阈值设置过高，会对测试主体产生不利影响。对于测试客体的评价，需要明确测试范围，根据创新强度来进行评估。构建监管沙盒制度其目标是为了促进金融科技的发展，为金融科技产品和服务提供宽松的发展环境，因此，可针对市场反应来对测试客体进行评估，在初步筛选过程中，还要考虑到消费者的偏好问题等。

（三）强化互动，设置合规容错措施

在测试环节中，还要设置互动和合规容错措施，监管机构和企业要保持联系，在这一方面，我国可以借鉴英国实践经验，其主要做法是无强制行动函和个别指导，如果企业出现一些特殊情况，监管机构会根据企业情况来实施豁免规则，在无法实施豁免规则时，会发布无强制行动函，只要企业能够遵循测试顺序，就能够享受到公平、公正对待。即便其中出现了一些无法预测的问题，也不会受到惩罚。根据我国情况，可以针对不同项目的特点来调整监管方法和监管规则，尽可能减轻企业负担，在监管沙盒测试完毕后，企业即可退出沙盒，在市场上推广产品。

（四）促进金融稳定，保护消费者合法权益

互联网金融科技本身既专业又复杂，而且技术手段也有着广泛性、隐蔽性的特点，这就将消费者置于一种不利地位，很容易损害金融消费者的合法权益，因此，在监管沙盒的测试过程中，要始终保护好消费者的合法权益。与传统金融消费者不同，监管沙盒更加关注消费者的改善和优化，对此，可以针对金融消费者构建测试库，在测试之前，提前为消费者披露相关信息，保护好消费者个人隐私。另外，还要重视测试企业信息的披露，金融市场常常会出现信息不对称问题，这很难改变，并且在测试过程中也会发生一些难以预料的问题。因此，做好企业信息披露十分重要，为了降低金融风险，保护消费者的金融资本安全，还需要建立赔偿机制，如果消费者的合法权益遭到侵害，可以按照索赔权来进行索赔，如果消费者损失金额较大，甚至高于与企业签订的合同金额，也要按照合同

来赔偿。对于监管机构而言，还需要设置消费者争议解决机制，以解决消费者、测试企业之间的争端，切实保障消费者的个人财产权。

第三节　数字经济互联网平台化的发展

一、产业互联网平台发展为数字孪生化平台

（一）产业互联网平台发展为数字孪生化平台的发展历程与核心要素

1. 发展历程

在基础设施建设速度的加快以及科技的创新下，一些新技术以极快的速度影响着各个行业，改变了传统行业的发展模式，带来了显著的数字化价值，其中，最具代表性的就是数字孪生技术。

“数字孪生”用来说明虚拟空间构建的数字模型与物理实体交互映射，忠实地描述物理实体全生命周期的运行轨迹。

如今，各类新技术迅速发展，制造业也开始进入网络化、数字化的发展进程，特别是大数据的强大分析和计算能力为制造业提供了新的发展路径，IT技术（信息技术）、IoT技术（物联网技术）等已经得到了各个企业的高度关注，特别是制造企业，已经纷纷引入此类技术，以改变传统的生态体系，显著提高了核心竞争力。

伴随制造业与新一代信息技术的不断深度融合发展，工业互联网成为制造业从“显”到“隐”的抓手，互联网从“虚”到“实”的载体。工业互联网蓬勃发展离不开技术支撑，包括5G、数字孪生、IPv6、边缘计算、标识解析、PON（无源光网络）、TSN（时间敏感网络）等都是工业互联网的关键技术。

数字孪生基于物理实体的基本状态，以动态方式实时对建立的模型、收集的数据做出高度写实而富有逻辑的分析，用于物理实体的监测、预测和优化。数据和模型的可视化与互联互通，也为更高层次的场景化应用提供了实现基础。

2. 关键点和核心要素

（1）两大关键点

物理实体和虚拟模型之间的双向连接，连接基于实时数据；实体和数字孪生体之间形成交互闭环。

（2）三大核心要素

传感器、数据集成和分析（智能中枢）、促动器。比如，战略层面上，借助于数字孪生平台，能够精准预测出发电和供电负荷，有助于打造分布式的能源供需体系，提高电网运行的可靠性。

同时，数字孪生能够将网络层和设备层有机整合起来，成为互联网平台的一种迭代工具，能够将各类碎片化的知识上传至互联网平台中，不同类型的数字孪生体系结构能够将各类型的工业知识重新组装起来，借助App来调用。站在技术的角度来看，数字孪生的技术体系是非常庞大的。它的感知、计算和建模过程，涵盖了感知控制、数据集成、模型构建、模型互操作、业务集成、人机交互等诸多技术领域，门槛很高。可以说，工业互联网平台是数字孪生的孵化基础，数字孪生是工业互联网平台的重要应用场景。数字孪生的技术竞争，实际上是云计算、大数据、3D建模、工业互联网及人工智能等ICT先进技术综合实力的博弈。

可见，工业互联网的发展改变了传统企业之间存在的边界，填满了IT与IoT中存在的裂缝，有助于模式的创新，打造出一种新生态数字孪生技术，为传统行业和互联网的融合带来了新的技术接口。借助于数字孪生技术，能够分析出物理世界和数字模型的互动关系，有助于产品的创新。

3. 特征

数字孪生主要特点如下：

①流动是双向的：本体向孪生体输出数据，孪生体向本体反馈信息。

②全生命周期：数字孪生技术为产品的设计、产品开发、产品制造、后续服务、维修保养、报废回收等各个环节都提供了技术支持，在设计环节，设计人员在发布了设计需求之后，平台管理者就可以精准匹配到相应的数据处理模型和算法服务，在调用了这些内容之后，再将结果推送至设计人员，设计人员按需付费即可，整个流程都可以在工业互联网平台中进行。

（二）数字孪生化平台开发的应用案例

1.数字孪生下的智慧城市

从城市的运行应急预案、监测、管理、决策、分析等多方面，Sovit3D构建物理空间与虚拟空间的信息映射及展示平台。数字化智慧城市大脑运营平台融合多尺度、多分辨率、多源空间数据、城市时空大数据、城市物联感知数据，构建了从宏观到微观、从室内到室外的一个高精度、多联动、三维全景在线、智能分析的治理体系。

（1）城市体征监测

以云处理、物联系统感知、大数据实现服务等平台为依托，对事件的来源、类型、区域、处置过程等进行多维度和全空间性的精细化表达。重点开展人口态势、城市管理、生态环境、产业发展等领域的运行状态监测，赋能城市全域管理和智能化决策。

（2）城市资源管理

数字孪生智慧城市大脑信息管理主要实现对城市设备管理、视频监控、应急应用、安防监控的统一管理和调度。应急资源管理，面对城市突发的公共事件，整合各机关部门和管理部门的应急资源管理数据，对救援队伍、救援装备、救灾物资、专家等数据进行统一集中管理，并建立真实、有效的应急资源动态数据库，协助救援指挥中心的应急指挥能力，针对城市突发事件做出快速的智能响应。

（3）城市事件管理

智慧城市大脑运营平台整合公安、应急、消防、安全、气象、交通等领域信息资源，切实保障城市安全。

2.数字孪生下的智慧工厂

任何物理空间都可以创建其数字孪生技术模型，1个零件、1个部件、1个产品、1台设备、1条生产线、1个车间、1座工厂、1个建筑、1座城市，乃至1颗心脏、1个人体等。再对数字孪生技术模型进行可视化和仿真分析，优化其对应的物理对象的性能和运行状态，诊断和预测可能出现的故障，提升运行绩效。数字孪生技术的应用场景横跨了其物理对象的设计、制造、运营服务到报废回收再利用的全生命周期。

（1）加快行业数字孪生关键核心技术攻关突破

在数字孪生技术体系中，关键就是数字线程技术、人机交互技术、数字支撑技术以及数字孪生体技术，根据上述技术制定适合的技术路线开发图。

（2）行业数字孪生技术应用平台建设

分析梳理出需求急迫、基础具备、潜力巨大的重点行业或应用场景，以他们为突破口，集聚资源、分类建设工业数字孪生技术应用示范工程。

3. 数字孪生下的智慧电力

智慧电力常态运维保障和基础设施监测，支持对输配电线路的地理分布、起止点、电能流向等信息进行可视化展示，支持查询具体线路的基本情况，如所属厂站、线路名称、电压等级、投运时间等；并可集成各传感器实时监测数据，对线路电能流转情况、电流值、负载率、线损率等运行信息进行动态监测，对线路重载、过载等异常情况进行实时告警，有效提高输配电线路的运维效率及供电可靠性。辅助管理者综合掌握跨地域、大范围电网运行态势，有效加大电网监控力度。辅助管理部门综合掌握电力工程的总体情况，加大对工程安全和工程进度的监测监管力度。智能巡检监测有效结合视频智能分析、智能定位、智能研判技术，快速显示故障点位、安全隐患点位等情况，并可智能化调取异常点位周边监控视频，有效提高电网巡检工作效率。

数字孪生可视化平台支持对重点保障对象的周边环境、建筑外观和内部详细结构进行三维显示，并可对保障对象的数量、位置、保电范围、保电等级等信息分时分区进行标注显示。支持集成视频监控、设备巡检、环境检测等系统数据，对保电区域实时运行态势进行综合监测，辅助管理者精确掌控电力运行状态，提升保电效能。电力数据应用分析基于地理信息系统，结合居民住宅用电情况、区域人口密度、商业类别、车辆运行特性等数据进行综合关联分析，为配电网规划、商业选址、充电桩选址等决策领域提供科学依据。应急指挥调度，自动监控各类数据指标变化趋势，对电网风险隐患进行可视化自动告警。

数字孪生技术赋能全行业的热度仍在持续升温。数字孪生让模型不仅可视，同时也可互动可交流。对资产进行可视化管理，提升运营管理水平，达到降本增效的目的。

二、互联网平台经济反垄断对策

我国互联网平台经济反垄断必须处理好发展和安全、效率和公平、活力和秩序、国内和国际四个关系，坚持基于技术的监管规范和促进创新发展两手并重、两手都要硬。

总体而言，互联网平台经济反垄断要从规则、数据、技术、资本多个角度出发，统筹运用市场政策调节、法律法规调节、文化观念调节，构建全方位、多层次、立体化的互联网平台反垄断体系，实现事前、事中、事后全链条全领域监管。市场政策调节依靠供求关系的变化对资源配置进行自发的调节，避免垄断，是“无形之手”。法律法规调节依靠法律、法规、规章制度、政策等对资源配置直接或间接进行调节，是“有形之手”。文化观念调节依靠道德力量、文化力量对资源配置进行调节，是一种共同价值观塑造的过程。

（一）市场政策调节

一是界定平台业务范围，不能借助新技术工具无序扩张市场边界，要在自身业务上做精做专。无论是消费互联网平台还是产业互联网平台，都要摒弃一味做大流量的惯性思维，而要界定企业的业务范围，明确自己的核心业务，在企业的核心技术能力上下功夫、做精做专。更不能借助资本力量，盲目向不熟悉的民生等领域扩张，不能触碰国家数据安全的底线。

二是鼓励平台企业瞄准互联网发展的技术趋势，投身于未来科技的研发。鼓励互联网平台企业充分利用数据、资金、人才、用户和技术等资源优势，瞄准互联网发展的技术趋势，加大创新投入，提升技术水平，组织核心技术攻关，投身于被“卡脖子”的技术与未来科技的研发，用技术储备能力筑高企业的竞争壁垒。

三是鼓励平台积极开拓国际市场，提升国际竞争力和影响力。构建网络空间人类命运共同体，是中国作为一个大国的努力目标。中国互联网平台企业要有广阔的国际视野，在网络空间中为全人类探索全新的服务模式。因此，市场政策要鼓励互联网平台企业走出国门，参与到全球数字经济竞争中，一方面便于互联网平台企业继续做大做强，另一方面互联网平台企业也能在国际竞争中不断磨炼自己，逐渐成为全球相关技术的领先者。

四是鼓励平台企业积极参与数据要素市场化配置，建立可信、规范的市场环境。消费互联网平台企业虽然遇到了一些问题，但这些问题大多数还是发展中的问题，随着我国平台经济政策的完善，这些问题都是可以解决的。互联网平台的发展趋势，一定是向着更公平、更规范、更高质量的方向发展，所以相应企业必须要顺应大势，积极参与我国数字经济的总体布局，把平台逐渐建设成可信、规范的数字经济平台，成为我国数据要素市场化配置的重要组成部分。

（二）文化观念调节

一是要鼓励平台企业建设高尚的企业文化，树立建设网络空间人类命运共同体的崇高理想。从历史经验来看，任何一家伟大的企业都是有着正确价值导向、崇高企业文化和远大共同理想的企业，都一定不是资本裹挟下的利益追逐者。互联网平台企业是先进生产力的聚集地，是数字经济最活跃的代表，也是年轻人向往的时代热点，所以更要鼓励平台树立高尚的企业文化，鼓励平台上的年轻人具有崇高的理想。有了正确的思想，就能避免大量的短视行为，也就可以有效地避免前述的各种垄断现象。

二是要鼓励互联网平台企业扶贫助弱，积极参加各种公益活动。人生的追求不是金钱的积累，而是探索未知、解决问题、为子孙后代创造更美好的环境。互联网平台企业是先进生产力的代表，要鼓励这些企业积极参与各种形式的公益活动，在公益活动中发挥这些企业的带动作用，通过扶贫助弱，一方面助力于中国共同富裕的国家大计，另一方面也从人才、技术、市场等方面为互联网平台企业带来可持续发展的空间。

（三）产业互联网市场的基本格局

在产业互联网时代下，关于主力军的讨论一直都不绝于耳，这个问题具有一定的理论和现实意义，因为主力军为产业互联网提供了极高的价值，也是产业发展中突破瓶颈的关键。

产业互联网、消费互联网之间有着明显的差别，产业互联网的主力军是传统组织，而产业互联网的创新者则是互联网企业。需要明确两个重要概念。

第一就是牵引者，这是产业互联网发展中的一项活跃因素。对于互联网企业而言，谁掌握了品牌、资本、用户和技术，谁就能够在产业互联网浪潮中占据

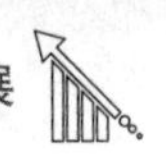

竞争优势。互联网企业在促进中小型企业的数字化进程中，发挥着不可或缺的重要作用。但是，需要注意的是，互联网企业在发展初期会受到市场影响因素的约束，相较于消费互联网，产业互联网的发展速度相对较慢。

长期以来，互联网企业的发展思维是节点和平台思维，就是要求认真对待每个行业客户，突出客户的差异性，关注客户的一致性。只有主动学习、不断创新，才能够进行创造。在互联网企业的发展过程中，平台思维作出了重大贡献，当前的互联网企业不再是单一的中介性质多边套利平台，而是可以提供某种创新能力的创新型平台。另一方面，也不能过分地夸大平台价值，用户更在意的是应用。

第二是主力军。产业互联网的主力军就是传统组织，传统组织的参与能够帮助产业互联网突破一些发展瓶颈，传统组织掌握着领域知识、生产性资产以及供应链。从产业互联网的发展初级阶段来看，就是传统组织与互联网企业之间的动态发展过程，在发展进程中融合了各类要素，促进了知识之间的相互渗透，提出了具体的产业互联网问题的解决方案。另一方面，传统组织者中的优秀者得到了新的学习机会，在资本、意识和能力上不断提升，跨过了生态合作门槛，进入了高级阶段。

其实，平台化输出并不是传统企业数字化转型的误区，在传统企业的转型过程中，需要做到具体情况具体分析，因为每个企业都有着明显差异，在具备了一定的条件之后，传统企业应该主动进行要素扩散。

从PC互联网转化到移动互联网，这是互联网市场的升级迭代；而从消费互联网到企业互联网，则是市场之间的转换，其客户群体都是截然不同的。

当前，决定竞争优势的一个主要因素还是网络效应，比之消费互联网，产业互联网的格局分散，因此，其发展进程也相对缓慢，在产业互联网的发展进程中，一些大中型的传统组织将会成为其发展的主导者和主力军。

通过产业互联生态，能够打造出一个个具有活力的产业，互联网生态共同体促进了技术要素的扩散和行业的数字化转型。

综合来看，不管是互联网企业还是传统企业，都会制定“双核战略”，对互联网企业而言，“双核战略”就是通过对传统企业的赋能和自身的创新发展来实现的，而传统产业的“双核战略”则是吸收互联网新兴要素，对外输出资源，各企业还需根据自身的发展情况来灵活优化。

三、数字产业化平台和产业数字化

（一）产业数字化和数字产业化的概念

数字经济包括数字产业化和产业数字化两大部分。

数字产业化也称为数字经济基础部分，即信息产业，具体业态包括电子信息制造业、信息通信业、软件服务业等。

产业数字化即使用部门因数字化而带来的产出增加和效率提升，也称为数字经济融合部分，包括传统产业由于应用数字技术所带来的生产数量和生产效率的提升，其新增产出是构成数字经济的重要组成部分。

（二）加快推动数字产业化和产业数字化发展

数字技术的广泛推行使得数字化的生活和生产方式成为可能，数据成为当前时代的重要生产要素。互联网和物联网的发展使得各类数据信息知识能够迅速流动，改变了传统的生产方式，在人工智能技术的推动下，数据处理效率大大提高，数据处理已经能够实现自动化。相较于传统经济，数字经济使得生产要素、生产力、生产关系等发生了一定的变化：在生产力方面，劳动工具日益朝着数字化的方向发展；在生产关系方面，打造出了以数字经济为基础的共享合作模式，达成了服务均等化、资源共享化和组织平台化的要求，也催生出了一系列的经济发展新模式，资源配置水平得到了明显提升。实践证明，数字经济的发展会进一步解放社会生产力，改变传统的生产关系和生产方式。

在这一背景下，促进数字的产业化发展成为应对市场竞争的主动选择。数字产业化发展内容较多，主要是针对数据要素的商业化、市场化和产业化发展，利用各类信息技术进行全链条的改造，促进数字技术和实体经济及各个行业的深度结合，引领各行业的数字化发展转型。在数字化转型的进程中，又会产生海量数据，继续为数字产业化的发展带来源头活水，使得数字产业做大、做强，继而催生多个新兴领域。

从本质来看，数字产业化和产业数字化两者尽管具有一定的相近之处，但是两者是截然不同的概念，两者之间也是协同发展的过程。在数字技术的发展进程中，与量子通信、仿生技术、传感技术等结合，使得数据信息的分析跨越了时

空限制，从而催生出一系列的“智慧+”新业态，包括智慧城市、智慧生活、智慧产业等。促进传统产业的数字化转型发展是加速数字产业化的重要路径，通过该方式，能够改变传统产业的生产周期，帮助企业打破时空局限，为更多的用户和消费者提供产品和服务。另一方面，借助于现代化的数字技术，让企业可以做到精确度量和分析，大大降低了企业的生产和经营成本，因此，利用数字技术来改造传统的生产要素，有助于优化传统生产要素的配置，提高传统行业的生产力水平。

（三）产业互联网数字化平台促进产业数字化发展需要关注的要素

从宏观角度来看，在数字经济的发展进程中，需要关注几个要素。

一是完善相关的法律法规，尤其是要健全区块链、供应链金融方面的法律法规，明确数字经济的具体法律属性，规范数字凭证的交易模式，加强隐私保护。

二是进行科学监管，将金融业务纳入国家监管领域中，明确监管态度。

三是提升行业自律，市场发展对于金融行业的自律有着严格要求，金融行业在发展进程中必须要严格遵守国家法律法规，保护好消费者的合法权益，将行业自律自觉融入自身的发展进程中。

四是重视标准的建设，加快标准的建设步伐，根据数字经济发展中出现的各种问题来完善标准。

当前，已经实现了万物互联，各类海量数据借助于5G网络，能够做到准确、实时的传播，这也为数字化平台的数据采集提供了极大便利，利用云计算、区块链、大数据等，能够对数字化平台进行更新、升级，为企业、金融机构、政府部门等提供精准的数据决策支持。当前，新基建项目是国家关注的重点，这正是基于数字经济基础下产生的，也是促进产业转型的底层支持。但是就目前来看，我国数字基础设施的建设还面临着几个挑战：一是技术难度高，投入的资金量较大，还没有充分发挥出集群效应；二是地域和行业之间分布不均，欠发达地区以及传统行业在数字基础设施的建设上步伐比较缓慢。如今，数字经济与实体经济的深度结合成为必然，在这一过程中，需要大力发展数字金融，以帮助中小企业解决融资问题。

（四）明晰关系，七大举措发展数字经济

1. 产业数字化与数字产业化的关系

产业数字化整体可按照三次产业（农业、工业、服务业）来划分。其中，农业主要集中在农业互联网方向；工业主要集中在工业互联网方向；服务业得益于较高的数字化渗透率，已发展出了电子商务、物流快递、金融科技、数字传媒、在线医疗等多个成熟市场，并在更多细分领域持续推进数字化转型步伐。

数字产业化整体可分为电子信息制造业、电信业、软件和信息技术服务业、互联网和相关服务业四大方向。

从市场结构不难看出，数字产业化对应数字产业，是为产业数字化发展提供数字技术、产品、服务、基础设施和解决方案的产业类别，能够为产业数字化打造稳增长的坚实基础。产业数字化对应数字融合产业，即应用数字技术与数据资源为传统产业带来产出增加和效率提升，是数字技术与传统产业融合后的产业形态，渗透面广的优势使其成为数字经济稳增长的关键引擎。所以，二者在数字经济的发展过程中缺一不可，具有相互融合、依赖的关系。

进一步延伸至二者的具体作用，数字产业化能够为产业数字化发展提供数字技术、产品、服务、基础设施、相应解决方案以及完全依赖数字技术、数据要素的各类数字产品和服务，从而引领和推动各行各业的快速发展和数字化转型升级。产业数字化转型的推进，又会产生关乎各行各业生产经营销售等的海量数据，为数字产业化提供源源不断的源头活水和数据资源，推动我国数字产业不断做强做大，催生出数字产品制造业、数字产品服务业、数字技术应用业、数字要素驱动业、数字化效率提升业等数据产业。因此，在数字经济的发展过程中，数字产业化和产业数字化还拥有相互促进、协同发展的关系。

2. 数字经济与数字化转型的关系

数字经济是由人、企业、设备、数据和流程之间数十亿次日常在线连接产生的经济活动。数字经济的支柱是超连接性，这意味着由于互联网，移动技术和IoT、人员、组织和机器的互连性越来越高。数字化转型是将数字技术整合到业务的所有领域，从根本上改变运营方式并为客户提供价值。数字化转型是全球经济持续变化背后的基本驱动力之一。

（1）承诺与陷阱并存

新技术带来了巨大的希望，为更繁荣的未来创造了新的途径和机会。新技术也带来了新的挑战。虽然数字技术以其应用的广泛和实力而令人眼花缭乱，但迄今为止，它们还没有完全实现更高的生产率增长的预期红利。

（2）影响经济的渠道与货币政策的实施

数字化可以被视为一种技术/供应冲击，它影响主要经济总量，特别是通过竞争、生产力和就业效应，以及通过其与机构和治理的互动。数字技术也正在改变公司开展业务以及与客户和供应商互动的方式。

（3）促进了大数据领域的发展

大数据和云计算的普及在所有领域都很普遍，电子商务的使用也是如此，这在企业对消费者细分市场中至关重要。另外，在制造业和能源领域，人工智能、3D打印、机器人和“物联网”几乎同样普遍。只是，采用数字技术的主要障碍是难以调整企业组织，以及需要招聘和留住高技能的ICT员工，监管和立法通常不被视为主要障碍，尽管一些公司指出，监管框架虽然不是障碍，但确实需要发展。

3. 发展数字经济的措施

一是重视数字设施的建设，对传统信息通信网络进行升级与改造，提高通信服务企业的服务质量，优化网络应用基础设施建设，特别是要朝着欠发达地区倾斜；二是构建城市大数据中心，建立创新型大数据平台，推进基础设施建设，扩大政务云建设规模；三是发展数字经济新动能，建设数字经济园区，大力发展创新型企业，尤其是要面对大数据、虚拟现实、人工智能等建立一批骨干型企业，提高此类企业的影响力；四是推进新一代信息技术产业的发展深度，赋能传统制造业，打造阶梯化的人工智能生态圈；五是强化数字化转型保障，完善政策支持，助推企业上云平台的发展，完善关于知识产权管理方面的标准，设置激励政策，启动制度建设，大力推进智慧信息服务行业的发展；六是建设算力基础设施，促进数字消费的提质扩容，通过线上与线下的融合改变传统的生产方式，发挥数字贸易的作用；七是构建供应链交易平台，建设智慧仓储，推行云服务试点工程，利用大数据、人工智能等创新交易方式，助力中小企业解决融资问题。

第六章　数字经济下的产业变革与发展

第一节　数字经济下的制造业与金融领域

一、数字经济下制造业的变革

数字经济时代给制造业带来的变革，就是“新制造”将兴起。而数字经济是新实体经济，最突出的表现就是数字经济所带来的新制造。

（一）制造业的未来是智能化

“新制造”是指应用互联网、IoT（物联网）、云计算和大数据等新一代信息技术，以用户需求为出发点提供个性化、定制化的产品和服务的生产制造模式。通俗地讲，就是用“新的制造方式”生产“新的产品”，提供“新的服务”。

1. 新的制造方式

用IoT、移动互联网、机器人等技术配合精益管理方法实现智能制造、个性化定制和柔性化生产。例如，家具企业索菲亚通过引入德国豪迈柔性生产线，配合3D设计、条码应用技术、数据库等软件技术建设了亚洲最大的柔性化生产线，实现了订单自动拆解、自动开料、封边和装配。

2. 新的产品，即智能化的产品

新的智能化产品嵌入传感器等数据采集装置，不断采集用户使用信息、设备运行数据到云端，实现对用户行为和设备运行情况的管理。

3. 新的服务

新的制造方式催生出研发、设计、软件服务等生产性服务；智能产品采集的

数据，会形成数据服务，包括远程设备管理维护、用户数据服务等。

新制造是嵌套在整个C2B商业模式中的，与新零售是紧密联系在一起的。没有新零售就没有新制造。C2B包括客户定义价值+个性化营销+拉动式配销体系+柔性化生产四个部分。

其中，新制造以客户驱动，数据全流程贯通，个性化定制、柔性化生产为主要特征。

（二）数字经济推动“新制造”出现

“新制造”的出现有两大背景。其一，消费者主权崛起、个性化需求越来越旺盛。今天的中国，已经是一个消费快速升级的社会，也是一个消费需求日益多样化的社会。比如，时装要求体现自己的个性，家具要匹配主人的喜好和户型，汽车要按照自己的需求来配置。个性化需求的大规模崛起要求供给侧能够给予满足。

其二，互联网、IoT、网络协同等技术的普及，首先使得设备之间、工序之间，甚至工厂之间、市场和工厂之间的联网轻而易举，市场需求、生产、物流数据可以非常便捷地在市场主体之间自由流动。数据的自由流动和产业链上下游紧密合作是产业变革的基础。例如，在大部分的工厂内部，ERP（企业资源计划）与MES（制造执行系统）都是两套系统，各自为政。产能情况、订单进度和生产库存对ERP来说只是“黑箱”作业。

（三）新制造与传统制造的区别

1. 商业模式不同

传统制造局限在B2C（厂商主导）的模式之下，生产什么，生产多少，何时生产，都是由厂家决定的，追求的是标准化、规模化、低成本。

新制造是C2B模式的其中一环，生产什么，生产多少，何时生产，全部由市场需求决定，追求个性化、高价值。新制造的生产体系能适应多品种、小批量、快速反应的生产要求。

2. 技术基础不同

传统制造是第二次工业革命的产物，以公用电力为主要能源，以自动化设备的流水线生产为主要特征。

新制造以IoT为主要技术基础，以数据为主要供给能源，以柔性化的智能制造为主要特征。以一支高尔夫球杆为例，如果我们在球杆中加入传感器，就能够记录下消费者的每一次挥杆的力度、击球的位置等。成千上万的数据汇聚在云端做深度分析，来帮助工厂改善它们的生产制造和开发新的产品；同时，我们可以针对这个消费者进行智能化的服务，帮助他的训练和纠正不好的使用习惯，提升球技。

3. 价值不同

传统制造和研发、营销、服务分离，位于价值链的低端。

新制造将研发、营销和服务融为一体，通过生产服务化、产品智能化、服务数据化，大大提高了生产制造的价值含量，改变了微笑曲线的形状。

（四）制造业变革

1. 数据驱动的制造业变革

大数据、云计算等新一代信息技术的崛起，使人类社会从IT时代向DT时代转变。大数据在深刻改变生产生活的同时，也促使制造企业的经营管理发生了重大变革。

和IT时代的传统制造业所不同的是，DT时代的制造业更加注重创新、创造，人类智慧的作用能够得到进一步的体现，利润获取回归到价值创造本质。DT时代将涌现大量的新模式、新业态，机器将被赋予和人一般的思考与决策能力，成为人类生产生活的绝佳伙伴。

随着互联网、物联网、云计算等信息技术迅猛发展，很多行业都涌现出大量数据，对于身处其中的企业来说，这既是机遇，也是挑战。近年来，由于智能化技术的迅速迭代，制造业企业的日常运营活动对大数据产生了较强的依赖。当前，制造业的整个价值链、产品的整个生命周期都会产生大量数据，同时，制造业企业的数据量仍在迅猛增长。

制造企业需要管理多种多样的数据，其中包括很多结构化数据和非结构化数据。

第一，产品数据：具体包括产品设计、建模、生产工艺、产品加工、产品测试、维护数据、产品结构、零部件配置关系、变更记录等数据。

第二，运营数据：具体包括组织结构、业务管理、生产设备、市场营销、质量控制、生产、采购、库存、目标计划、电子商务等数据。

第三，价值链数据：具体包括客户、供应商、合作伙伴等数据。

第四，外部数据：具体包括经济运行、行业数据、市场数据、竞争对手数据，等等。

在网络协同环境下，企业在推出大规模定制之后需要实时从网上获取消费者的个性化定制数据，发挥网络的协同作用，对各方资源进行优化配置，对各类数据进行有效管理。

（1）数据驱动的大规模定制

对于制造业来说，大数据是其实现大规模定制的基础，其在制造业大规模定制中的应用包括数据采集、数据管理、智能化制造、订单管理、定制平台等，其中定制平台是核心。定制数据达到一定规模就能实现大数据的应用。企业通过对大数据进行挖掘、分析，可对流行趋势进行有效预测，实现精准匹配、社交管理、营销推送等多种应用。同时，通过大数据挖掘，制造业企业还能开展精准营销，使物流成本、库存成本、资源投入风险均得以有效下降。

大数据分析可提升企业的仓储、配送及销售效率，减少库存，降低成本，优化供应链。同时，制造业企业还能利用销售数据、传感器收集到的

数据、供应商数据对不同市场上的商品需求做出精准预测。企业可通过这种方式实时监控商品库存与产品销售价格，因此可以在很大程度上降低成本。

从本质上看，工业4.0是利用信息物理系统（CPS）构建智能工厂，让智能设备利用经过处理的信息自我调整，自行驱动组织生产，直到将产品真正生产出来。由此可见，智能工厂让制造业大规模定制有了落地实现的可能。

为了满足消费者的个性化需求，一方面，制造企业要为消费者提供符合其需求的产品或服务，另一方面，制造企业要为消费者提供个性化的定制服务。因为消费者数量比较多，且需求各有不同，再加上需求不断改变，这些数据汇聚在一起就形成了产品需求大数据。

消费者与制造企业之间的交互行为也会产生大量数据，对这些数据进行挖掘和分析，可以让消费者参与到产品需求分析、产品设计等活动中来，真正实现产

品创新。企业只有做好数据处理，将处理之后的数据传输给智能设备，然后对数据进行挖掘、分析，指导设备进行优化调整，才能真正实现定制化生产，输出能满足消费者个性化需求的产品。

（2）新一代智能工厂

为了满足消费者的个性化需求，传统制造业必须改变现有的生产方式与制造模式，对消费过程中产生的数据与信息进行充分挖掘。同时，非标产品在生产过程中也会产生大量数据，企业需要对这些数据及时进行收集、处理、分析，用处理结果对生产活动进行指导。

以互联网为媒介，这两类大数据信息在智能设备间流通，企业利用智能设备进行分析、判断、决策、调控，然后组织开展智能生产，最终生产出能够满足消费者个性化需求的产品。从这方面来说，智能工厂是在大数据的基础上建立起来的。

智能工厂中的大数据是在信息与物理世界的交互作用下产生的。在引入大数据之后，制造业迎来了一个全新的变革时代。以过去制造业生产管理的信息数据为基础，以物联网为依托实现物理数据感知，企业建成生产数据私有云，推动制造业在研发、生产、运营、销售、管理等均发生了巨大变革，加快了制造业的发展速度，提升了生产效率，增强了自身的感知力、洞察力。

2. 基于新制造理念的模式创新

新制造还有巨大潜力尚未被挖掘出来，正是基于这一点，如果将制造企业所有设备、生产线的数据全部打通，让它们全部实现智能化，就能使制造企业的价值创造模式发生根本性变革。除此之外，新制造的竞争力来源于其背后蕴藏的创造思想、体验、服务能力，而不是制造本身。

（1）按需定制

传统制造业是由厂商根据往期的订单情况制订销售计划。在这种模式下，厂商和消费者之间存在大量中间环节，很难了解用户的真正需求。随着生产力的不断提升，以及越来越多的创业者与企业进入制造业领域，行业面临严重的产能过剩问题。而新制造将由用户主导，从B2C模式转变为C2B模式，让厂商能够和用户无缝对接，基于用户需求与数据分析按单生产，满足用户个性化需求的同时，为自身创造更多的利润。

（2）云上大数据

未来的制造业是由数据驱动的，数据将成为不可或缺的重要生产资源。当然，想要充分发掘数据潜在价值，就要将大数据与云计算技术充分结合起来。推动传统制造业变革已成为中国、美国、日本、欧盟等经济体的重要战略，企业要充分利用数据来推动制造流程的精细化管理，促进生产线的柔性化、数字化、智能化。

对企业而言，发展新制造，打破数据孤岛是关键。传统制造企业内部以及上下游企业之间各系统处于封闭状态，缺乏统一的数据采集、存储、分析及应用标准，难以实现数据资源的高度整合与共享，不能实时了解生产线设备运行状况、库存信息、销售状况等，无法及时制定科学合理的经营管理决策，增加了企业经营的风险。

而转型新制造后，制造产业链中的商流、物流、资金流、信息流能够实现自由高效流通；MES、ERP、PLM等信息化软件的应用，将有效解决信息孤岛问题；装备操作信息、运行状态、环境参数等将被实时上传至云端数据库；同时，企业将结合PLM、ERP等数据，对生产过程不断优化完善。

以大数据技术为核心的智能应用将有力促进企业的流程、组织模式及商业模式创新，是建设智能制造云端的核心组成部分。具体来看，以大数据技术为核心的智能应用主要包括以下几点：生产过程的持续优化；产品的全生命周期管理；企业管理决策的优化完善；资源的匹配协同。

未来，制造业设备的全面物联化以及业务系统的无缝对接，将使从制造生产到客户交付的整个过程实现数据化、智能化，而对过程数据进行深入分析，将为企业经营管理决策提供强有力支持，催生一系列全新的管理方式、商业模式。

（3）柔性制造

柔性制造是个性需求崛起时代出现的一种新型制造理念，由于企业面临的市场环境与用户需求具有较高的不确定性，且技术更新迭代使产品生命周期越来越短，企业必须提高自身的灵活供给能力，力求在满足用户个性需要的同时，将成本与交付周期控制在合理范围。

柔性制造未来趋势包括以下几点：生产线日渐缩短，设备投资占比不断降低；中间库存明显减少，厂房等资源得到充分利用；交付周期越来越短，用户体验逐步提升；成本损耗不断降低，生产效率明显提升；制造过程用户可参与，为其创造独特价值。

制造业服务化是新制造的典型特征，其价值创造并不局限于制造本身，更为关键的是用户获得的极致服务与独特体验，长期来看，世界经济低迷状态仍将持续一段较长的时间，中国制造业从传统制造向新制造转型也并非是一件短时间内可以完成的事情，广大制造企业要做好打持久战、攻坚战的准备，加强服务与创新意识，不断提高自身的盈利能力。

新制造给制造行业带来了新的发展机遇。行业头部的制造企业在智能化转型这条道路上没有停留在基础的感知阶段，而是努力地向新制造的高级阶段迈进，探索更多可能性。正因如此，那些迟迟不能坚定信心、做出决策的企业与那些积极拥抱新制造的企业之间的差距会越来越大。为避免被淘汰，接下来，制造企业要积极拥抱变化，主动改革，向新制造转型升级。

（五）发展新制造的意义

在互联网条件下，制造业的转型升级不是独立发生的，而是呈现营销—零售—批发—制造的一个倒逼过程。在这个过程中，制造业出现由需求驱动生产的C2B模型，而柔性化是制造端的主要转型方向。实际上，在互联网出现之前，很多大型企业已经在探索大规模个性化定制、拉动式供应链，并取得了卓越的成绩。互联网和电子商务的出现加速了这种进程，更多的中小企业也可以进行这种变革，并从中受益。

新制造的上半身是新零售，下半身是柔性生产，而中国作为全球最大的网络消费市场和制造大国，具备别国不具有的双重优势。互联网带来了新的竞争空间和新竞争规则，如果政策得当，中国在制造业领域完全可以走出一条独特的道路。

二、数字经济下金融领域的变革

随着移动互联网、云计算、大数据、人工智能、物联网、区块链、网络安全等先进信息技术应用的迅速发展，全球信息化进入全面渗透、跨界融合、加速创新、引领发展的新阶段。金融与科技融合创新，催生金融科技浪潮席卷全球。传统金融机构积极利用金融技术推动业务创新和经营转型，一大批新兴科技企业、互联网金融服务企业积极融入金融领域，迅速发展壮大。传统金融机构、监管机

构与新兴金融科技企业等共同构成一个金融生态体系，共同推动着我国金融业的创新、变革与发展。

（一）数字经济背景下的金融业

金融业是比农业更加古老的行业，每一次技术进步都推动金融业也随之发生变化。数字经济将给金融业带来的最大变革，是将推动科技在金融中的应用和金融的普惠化。尽管数字经济时代，金融的本质不会发生改变，但智能技术将能够帮助降低金融交易的成本，扩大交易范围，帮助金融业的普惠化。

1. 金融与好的社会

金融的本质没变，还是交易各方的跨期价值交换，是信用的交换。

人们的日常生活中充满了各种不确定性、各种风险事件，因此，对于金融服务的需求，可以说是每一个人都需要的基本需求，但是，在传统金融下面，由于技术的约束，针对大多数人的金融产品成本过高，金融机构无法实现盈利。因此，整个社会中只能有少部分人能够享受到金融服务。随着数字经济的发展，这一状况正在发生改变。

数字经济的发展，将使得金融变得更加普惠，服务于那些处于原有金融体系之外的群体，推动一个更加美好的社会的到来。

2. 数字经济催生新金融

新金融与传统金融相比是一种新的金融服务体系——它以技术和数据为驱动力，以信用体系为基石，降低金融服务成本、提升金融服务效率，使所有社会阶层和群体平等地享有金融服务，并且它与日常生活和生产紧密结合，促进所有消费者在改善生活、所有企业在未来发展中分享平等的机会。新金融在“五新一平”中的定位包含四层意义。

（1）新金融以技术为生产力，以数据作为生产资料

两者结合对新金融产生的核心作用在于降低金融服务成本，提升金融服务效率：一方面缓解传统金融在触达获客、系统运营、风险甄别、风险化解等环节中的成本问题，极大地降低单客边际成本；另一方面以高效的算力和智能的算法，结合广谱多维的数据，帮助金融服务中实现决策，极大地缩短从前人工方式需要数天甚至数月的服务周期，甚至达到实时水平，同时避免人为判断失误等原因，

达到更精准科学的决策。而金融服务成本降低和效率提升，将最终体现为两方面：一是拓展金融服务的边界，服务于更多人，服务于更多生活和生产场景；二是提升金融服务的体验，让消费者享受安全、便捷、丰富的金融服务。

（2）信用体系不只是新金融的基础，也是整个新商业文明的基石

信用体系的作用在于消除信息不对称，建立互信关系，它不只是金融服务的基础，更是整个商业文明的基石。但传统信用体系存在数据来源单一、更新频率低、用户覆盖不足等问题，新金融基于广谱多维、实时鲜活的数据来源，通过高效的算力和智能的算法，建立健全大数据征信，极大地补充了传统信用体系，并且不只用于信贷、保险等传统金融领域，更将其拓展至出行、住宿、教育、就业等更多与日常生活息息相关的领域，成为整个商业文明的基石，推动诚信社会的建立。

（3）新金融通过提供平等的金融服务促进包容性经济增长

新金融首先为所有社会阶层和群体提供平等的金融服务，尤其是普通消费者和小微企业，保障社会所有群体共享普惠金融的红利。更进一步地，新金融作为新商业文明的重要一环，进一步发挥金融在资源优化、匹配新供需关系上的作用，让所有社会阶层和群体在公平的环境中共享未来发展机会。

（4）新金融服务于实体经济，与日常生活和生产紧密结合

真正将金融与生活和生产融为一体，对普通消费者而言，金融不再是冷冰冰的金融产品，而是支付宝、余额宝、花呗、借呗、退货运费险、芝麻信用分等已成为“家常便饭”的生活方式改变；对企业，尤其是小微企业而言，支付服务解决零售服务“最后一公里”触达问题、基于大数据的企业征信和小微贷款解决“融资难”问题，低门槛、低成本的金融服务成为“大众创业、万众创新”的保障。总之，新金融融入日常生活和生产，与新零售和新制造等新商业文明有机结合，能更好地服务于实体经济。

（二）数字经济改变金融业

新金融出现的背后是两方面原因：一是数字经济时代下数字技术大发展为新金融提供驱动力；二是新经济需要以普惠为核心的新金融有力支撑。

1. 数字经济时代下数字技术大发展为新金融提供驱动力，降低成本、提高效率

技术驱动是新金融发展的驱动力，也是新金融最鲜明的特色，通过数字技术发展，有效解决金融服务的触达、认证、风控、运营、审计等环节的难题。数字技术的核心作用在于降低成本和提高效率两点，最终目的在于：一是拓展金融服务边界，让金融能服务更多人、更多商业场景：二是提升金融服务体验，让所有人能平等地享受便捷、安全、可信的金融服务。

具体来说，移动互联技术有效缓解过去金融获客成本高、用户体验不便的问题，让金融以低成本的方式便捷、有效地触达社会各个群体。大数据极大地消弭金融服务最核心问题——信息不对称性，有效甄别风险，保障消费者权益不受侵害，同时让金融服务风险损失可控、可持续发展。生物识别通过交叉使用人脸、眼纹、虹膜、指纹、掌纹等多个生物特征，已可实现比人眼更精准的远程识别，解决“如何证明你是你”的难题，尤其是为边远地区传统金融服务难以触达的地方提供便捷的金融触达。人工智能技术提升大数据处理效率，并能够通过深度学习的方式不断迭代升级，模拟人类思考方式，用技术拓展金融服务的边界。云计算通过低成本、高扩展性的运算集群极大地降低金融服务运营和创新成本，并提升其服务效能。区块链技术让资金和信息流动可审计可追溯，保障金融服务透明可信。相信未来还有更多的数字技术被用于新金融服务，为其发展拓展更多想象空间。

2. 新经济需要以普惠为核心的新金融有力支撑，匹配供需两侧优化

过去五年，中国人口红利所带来的传统动能正在逐步减弱，取而代之的是不断发展以创新驱动的新动能，生产要素通过供给侧改革正在逐步实现结构性优化，生产小型化、智能化、专业化将成为产业组织新特征，这其中，生产更灵活、更富有创新活力的小微企业作用日渐凸显。另外，从需求侧角度来看，传统由投资和出口拉动的“三驾马车”正转变为消费驱动。一方面消费需求规模正在快速增长；另一方面消费方式也正在升级，模仿型、排浪式消费阶段基本结束，个性化、多样化消费渐成主流。

从供给侧角度看，小微企业无法获得服务的主要原因在于单体服务成本高、风险甄别难度高这两方面，而这正是新金融的优势所在一方面，通过移动互联、

大数据、云计算、人工智能等技术不断降低获客和运营所带来的可变成本，单个小微企业的服务边际成本已趋于极低，为包括小微企业在内的所有企业提供平等的金融服务已成为可能；另一方面，技术和数据驱动的不断完善的社会信用体系已成为新金融的基石，企业信用数据覆盖面的提升也降低了甄别风险的难度，让更多的小微企业可被纳入金融服务范畴。

（三）金融业新形态

1. 服务实体经济

新金融的价值意义在于它能促进社会向更好的方向发展，包括一个更公平的社会、一个更高效的社会、一个更诚信的社会、一个可持续发展的社会，同时，新金融及其价值在全球都可复制。

①更公平的社会——普惠金融体系促进包容性经济增长，金融民主化为所有个体提供未来发展机会上的公平性（普惠）。

借助数据和技术，新金融致力于消除由于金融服务成本、风险和效率问题带来的不平等，让每个用户都享有平等的权利自由获取所需要的金融服务，进而促进整个社会在获取生活改善与未来发展机会上的公平性。

②更高效的社会——重构资源组织、供需匹配，以便捷高效的金融服务满足经济发展需求（新供需关系）。提高资源配置效率、优化供给和需求两侧匹配关系是经济学的核心问题，新金融依托技术和数据，在服务上不断创新，既满足小型化、智能化、专业化的生产供给，也满足个性化、多样化、便捷化的日常消费。

新金融对消费型经济的促进已初露端倪。以网络支付为例，作为电子商务发展的底盘，激发消费潜力，在世界范围内换道超车，取得领先地位。其他包括消费金融、大数据征信、消费场景保险等金融服务也成为结合生活场景提升消费便利性和安全性，进一步刺激消费的有益创新。

③更诚信的社会——完善商业文明的信用基础设施，推动诚信社会的建设（信用社会）。

信用体系不只是金融服务的基础设施，也是整个社会经济发展的基础设施。“车无辕而不行，人无信而不立。”信用本质是甄别风险，解决各个场景中的信

息不对称问题，在不同场景下具有灵活多变的特性，如在金融领域，可成为风控手段，应用于反欺诈和信用卡、信贷审核等，提高准确率和覆盖率；而在生活领域，则可解决商户与人、人与人之间的信任问题，在出行、住宿、签证、招聘等一系列生活场景中提高双方便捷性和可靠性。

在用户授权前提下，大数据征信依据用户各维度数据，运用云计算及机器学习等技术，为个人或企业提供信用肖像的刻画，成为传统征信体系的有机补充。与传统征信体系相比，具有数据源广谱多维和实时鲜活的特点。

同时，个人良好信用积累所带来的更便捷的生活方式，将对消费者和企业有良好的示范作用，助力推动诚信社会的建设。

2. 数字普惠金融

（1）数字技术提高普惠金融服务的可获得性

数字普惠金融依托（移动）互联网、云计算等技术，突破传统金融服务的时间和地域限制，提高了金融服务的可获得性。用户可以通过数字化的交易平台进行支付、转账、投资等业务，由此产生的交易数据可以为相关的征信机构提供征信依据，以便为用户提供更好的金融服务。此外，民间资金可以通过P2P网贷平台、众筹平台等普惠金融机构，在基于网络和移动通信技术的基础上实现“面对面”融资。加大金融市场的供给，提高农户、特殊人群和中小企业融资的可获得性。

（2）数字技术提高普惠金融服务的覆盖面

数字普惠金融通过电脑、手机及其他移动终端等设备提供金融服务，扩大金融服务覆盖范围，尤其是在农村地区。数字普惠金融改变了原有的服务提供方式，不论用户在偏远的地区还是在大城市，只要有电脑或者手机就可以获得金融服务，而不再需要通过固定的营业网点。以信贷为例，P2P网贷平台可以实现在线信用贷款，不需要用户提交纸质资料，并且审核时间较短，通过审核平台后，客户就可以在线获得借款，并且在线完成还款。

（3）数字技术降低普惠金融服务的成本

传统的金融机构的服务范围依赖于其分支机构的数量和分布位置，服务范围的扩大必然伴随着营业网点的增多，办公场地、人工服务等都需要成本支出。如果为农村和偏远地区人口提供金融服务，则成本和难度都会增加。数字普惠金融改变了传统金融服务所依赖的基础设施，不需要物理网点，通过互联网、手机等就可以获得金融服务，成本支出明显下降。

数字普惠金融还改变了风险管理方式，通过互联网、云计算等对数据进行挖掘分析，例如腾讯征信数据来源主要是社交网络上海量信息，比如利用支付、社交、游戏等情况为用户建立基于互联网信息的征信报告。电子商务平台征信数据来源主要是大量消费者和平台商户及供应商的交易数据、退换货数据等，对这些数据进行分析，能够准确衡量个人和企业的信用等级，从而降低信息收集、线下审核和风险管理的成本。

中国正在形成以消费为主导的经济增长新格局，主要具有以下升级特征：一是消费新内容。居民的消费结构随收入增长呈现“先商品后服务”的阶段性特征，未来将是医疗护理、娱乐、金融服务保险占比不断攀升的时代，与闲暇生活相关的服务、娱乐、体验式消费刚刚起步，虚拟形式的内容及服务，如直播等形式将拥有更为广阔的发展空间。二是新一代消费。伴随着互联网长大的新一代，他们身上聚集了两代人的财富，具有较高的消费倾向和超前消费意愿，追求在产品形成和消费中的参与感，并乐于分享。三是个性多样的消费。中国城镇化进程的差异、居民收入阶层的多样性、年龄的层级分布等决定了中国未来消费的阶梯特征，如农民工消费普及和中产阶层消费升级并存，二、三线城市复制一线城市的消费潮流之后再向低线城市扩散，“80后”成为消费主体同时伴随银发消费的崛起，女性消费特性在互联网时代被放大。四是消费新主张。与炫耀性消费不同，消费新价值主张以鲜明、年轻、时尚和自由为特征，消费更加回归理性，主要目的是“愉悦自己”，那些给消费者带来差异化终极体验的商品和服务将凸显竞争力，博得溢价成为赢家。

第二节　数字经济下的零售业与物流业

一、数字经济下零售业的变革

在数字经济时代，数字化转型已成为零售业高质量发展的必然趋势。近年来，我国零售企业纷纷进行数字化转型，呈现出从技术应用向数字赋能转变、从

渠道线上化向线上线下一体化转变、从业务数据化向数据业务化转变、从营销数字化向全面数字化转变以及从大企业主导向大中小企业协同转变的特征，整体上处于探索阶段，存在着全面数字化战略规划缺失、数字化基础和能力较弱、需求驱动型供应链支撑不足和企业组织架构改革相对滞后等问题。零售业数字化转型的内在机理是数字化技术驱动的以消费需求为核心的生产供给体系和流通供给体系的变革，即以消费者需求为出发点，通过线上线下多维立体场景打造、供应链逆向整合、数据资源积累和数据分析能力构建、业务流程再造与组织架构变革构建数字化商业生态系统，打破商品生产与消费之间的时间与空间限制，重构人、货、场的关系，提升生产与流通体系供给质量和供给效率。

（一）新零售满足个人主观效用

效用是经济学中最常用的概念之一。一般而言，效用是指对于消费者通过消费或者享受闲暇等，使自己的需求、欲望等得到满足的一个度量。经济学家用它来解释理性的消费者如何把他们有限的资源分配在能给他们带来最大满足的商品上。经济活动的价值，正是帮助消费者实现效用最大化。

理解新零售，需要重新回到上述判断经济活动价值的标准。在市场经济条件下，我们用来判断经济活动价值的标准在于，最终接受某项商品或服务的用户对这些商品和服务的主观评价。这也意味着，并非投入的成本或服务决定商品的价值，只有这些商品和服务最终满足了使用者的需求，这一经济活动才实现其价值，否则，只是在摧毁价值。从这一角度出发，年复一年不能消化掉的库存只是在摧毁价值，而不是为社会创造价值。因为这些资源本来可以投入到其他的生产领域，去满足社会的其他需求。

在消费者收入低的时候，需求结构相对单一，主要是一些生活必需品，随着收入的增加，消费者的需求越来越多样化、个性化，而且随时发生着变化。如何更好地满足消费者的需要，需要利用不同技术的比较优势。通过线上线下优势互补，能够更好地满足消费者需要，实现经济活动的价值。

所谓新零售，就是以消费者体验为中心的数据驱动的泛零售形态。新零售的本质在于，无时无刻地始终为消费者提供超出期望的“内容”。传统零售当然也希望以消费者体验为中心，但实现这一目标的手段过于昂贵，除了少数价值极高的产品和服务，比如私人飞机、定制跑车等，产品的生产和销售者才会花大量的时间和精力去了解客户需求，对于大众产品，零售商和生产者可以说是有心无力。随着数字经济时代的到来，实现这一目标正在成为现实。在新零售时代，了解消费者需求的成本急速下降，而随着人工智能的广泛应用，零售商将能够更好地了解消费者的需求，这些汇集的信息也将帮助生产者、流通行业更好地配置资源，生产出更加满足消费者需求的产品，减少不必要的物流成本。

区别于以往任何一次零售变革，新零售将通过数据与商业逻辑的深度结合，真正实现消费方式逆向牵引生产变革。它将为传统零售业态插上数据的翅膀，优化资产配置，孵化新型零售物种，重塑价值链，创造高效企业，引领消费升级，催生新型服务商并形成零售新生态，是中国零售大发展的新契机。

（二）新零售诞生的原因

新零售产生的原因包括技术变革、消费者认知变化和行业变革三方面。

在技术层面，新商业基础设施初具规模：大数据、云计算、移动互联网端；智慧物流、互联网金融；平台化统一市场。互联网发展逐步释放经济与社会价值，推动全球化3.0进程。

在消费者认知变化层面：消费者数字化程度高，认知全方位，购物路径全渠道；中国消费升级引领全球消费增长，新一代价值主张，从活下去到活得更好。收入水平低的时候，消费水平很单一，主要是要生存，最重要的需求是卡路里。但随着收入水平不断提升，消费需求的多样化和个性化迅速增加，如何活得更好成为最主要的关注点。

在行业变革方面：全球实体零售发展放缓，亟待寻找新的增长动力。中国实体零售发展处于初级阶段，流通效率整体偏低，缺乏顶级零售品牌。多元零售形态涌现。

（三）新零售发展展望

不同的商业时代，有不同的商业形态。以超市、百货为代表的超级卖场集合了多种品类；以电商、团购为代表的超级平台聚集众多流量；以社交、资讯平台为代表的超级生态多维度地赋能商业；而在新的商业时代，零售商需要深挖超级用户。建立自有流量池。

实体店经历了从传统的物物交换到现在的移动互联网化，而在互联网时代，

实体门店又经历了从门户网站到电商到微商，再到自媒体的时代。回顾实体店的商业发展历史，智慧零售就是时代发展的必然产物。

智慧零售的发展，使得整个零售行业的效率更高，这是智慧零售的特点。而在这个商业模式不断进步和完善的过程中，我们的零售业态也逐渐发生了改变。电商巨头们纷纷转向线下，线上线下开始从曾经的对立走向互相融合，未来十年是新零售的时代，线上线下必须结合起来。这也预示着智慧零售时代的到来。在未来，商业的竞争已经不是线上线下的竞争，而是全网营销的竞争，拥有智慧零售系统落地的能力最重要。对此，在这里我们探讨一些未来转型新零售的思路。

1. 流量是零售的本质

流量是一个互联网时代的网络用语，而它的本质所对应的是每一个消费者。生意难做，关键在于客户流量，客户流量分为自然流量和经营流量。大部分靠自然流量的生意都比较难做，因为一旦有竞争生意就下滑。

流量是实体店的血液，没有流量就没有生意。建立可掌控的私域流量池，是实体商店在新的商业模式下，掌握话语权的第一步。而建立流量池最好的互联网工具就是智慧门店系统，这是新营销最重要的“核武器”。

2. 用户至上的理念将更加突出

未来智慧零售，核心是互联网思维，而互联网思维，又以用户为中心。与传统的产品思维不同，转型智慧零售最为重要的一点，就是掌握用户思维，学会经营流量池里的“留量”。

经营“留量”的关键，在于锁客，一个是利益锁客，一个是情感锁客。设计工具产品进行利益锁客，设计一个人一生每个不同年龄段的情感需求点进行情感锁客，让“留量”成为“留财”，需要拉长时间周期来看整个战略的价值。

真正属于未来珠宝终端零售的盈利模式是什么？种种迹象表明，“用户思维”在今天是不可忽视的盈利之源。这要求商家从“商品效应”跳转到“群客效应”。在传统零售时代，商家需要大量的顾客来维持生意，通过广开门店、增产商品来实现利润最大化；而在新零售时代的背景下，商家要提升群客的价值，让20%的顾客贡献80%的业绩一这就是用户思维，经营“留量”。

在传统零售时代，由于物资匮乏技术手段落后等原因，零售市场是围绕着“货—场—人”的次序展开的。在这种经营理念和市场模式下，消费者没有太多选择的余地和权利；而且由于货品短缺，即商品供不应求的状态，决定了商家缺少提升商品品质的原动力。

后来随着新技术、新模式的发展，商品的供给不断加大，商品的品类、数量大幅提高，于是“货、场、人”的布局就开始向“场、货、人”反向演变，销售的渠道成为零售的核心要素，变成“渠道为王”的年代。而到了现在，商品、渠道的数量已经不是核心竞争力，而消费者将作为整个零售的中心，引领零售的方向，也就是“人、货、场”的时代。

这是零售市场竞争更加激烈的必然结果。在商品极大丰富的大背景下，零售的发展，已逐步走出以商品为中心的模式，转向以消费者为中心。商业零售将围绕用户生活需求来进行布局，即如何从内容、形式和体验上更好地满足消费者的需求，将成为未来零售经营的核心。

为了更好地体现用户至上的理念，零售企业需要做到以下几点。

①充分利用数据技术开展用户画像。管理大师德鲁克说过：“要知道你的顾客是谁？”这是销售最重要的事情。大数据可以帮助零售商精准掌握消费者的用户画像，比如什么收入水平、什么样的习惯爱好等。借助360度的用户画像就可以为用户提供更精准的商品、服务，来建立消费黏性，形成消费闭环。

②在商品设计方面要体现出四个“好”。“好用”，也就是商品品质要高；“好看”，也就是商品的包装要精美；“好玩”，也就是商品自带融入感，比如具有社交属性；“好拿”，也就是全渠道营销，让消费者能够更加方便地获取商品。

③在商品消费环节要设计“沉浸式”场景。销售的场景将会从以前商品的展示与售卖场地逐步向消费者的生活方式演变，也就是“沉浸式”营销模式。消费者进入商场不再单纯为了购买商品，而是除了家庭、工作，第三个生活场景的延伸。当消费者融入场景后，就会不自觉地发生购物行为。

3. 无人零售将迎来新一轮发展

从行业趋势来看，无人零售、自助零售在成本、效率、体验等方面都具有得天独厚的优势，无人零售行业的爆发性发展指日可待。首先，无人零售将打破零售在时间上的限制，将零售轻松延长至24小时，使得消费者可以全时段购物；其次，无人零售将打破零售在空间上的限制，通过智能化的设备，购物数据的采集、分析，开店将变得非常容易，未来消费者可以随处购物，而且，门店会根据

消费者购物行为和购物喜好，不断迭代店内产品，为消费者提供更好的服务；最后，无人零售将极大地提升用户体验，通过数据处理与智能化应用，使得消费者可以获得最精准的营销与最贴心的服务，同时，无人零售将去除购物过程中的人为不利因素，比如情绪因素、疲劳因素、出错因素等，使服务更为标准化。消费升级是一个不可逆转的过程，消费者永远都会选择更优质的服务，所以在未来，更加智能化、无人化的零售形式必定会成为主流。智能技术将融入购物的各个环节之中，优化购物体验，革新购物模式。

目前随着人工成本和门店租金的大幅上涨，网络基础设施的规模化效应和移动支付的普及，尤其是物联网技术和各种识别技术的快速成熟应用发展，无人零售已经具备加速发展的客观条件，加之资本入局，无人零售将进入快速扩张阶段。自动售货机作为其中重要业态之一，有望迎来新一轮爆发。

4. 数字化与数据分析应用

零售是世界上就业人口最多、环节最复杂的行业之一，也是最能体现供应链效率的行业之一。从商品下单采购、仓储物流、销售到售后，需要很多支团队的协同作战，数字化则是极具效率的指挥棒。

在互联网和数据时代，对每一个顾客进行精准分析和对企业本身的管理都需要数据支持。企业决策正由“经验决策”不断向“数据决策”的规范转变。

数据本身已经成为企业新的资产，并将大大促进劳动生产率的提高和资产收益率的增加。

5. 全渠道营销将成为零售新常态

智慧零售是打通线上线下的全渠道建设。

首先要实现的是建立“实体渠道”与“电子渠道”之间的连接，打通内部渠道，实现企业内部资源整合，内部全渠道对客户的服务一致。

其次是打通内部渠道与外部渠道，实现内外渠道对客户的衔接，放大全渠道客户人口价值。可以让客户在不同类型渠道之间无缝切换的全渠道，已经成为当前传统企业渠道转型的共同选择。

与此同时，企业要加强内在价值的建设。建设自身的文化价值，优化调整内部组织架构，以集中、统一运营管理为方向，最终，从业务流程、系统支撑、考核激励等三个方面，打破各渠道线上线下的资源壁垒，促进营销闭环形成和完善，实现渠道联动。

零售行业的发展历史，可以总结为三个阶段。

第一个阶段，产品时代——这个阶段，卖货思维导致产品越来越同质化，获取客户的成本越来越高。

第二个阶段，渠道时代——以广告拉动消费人群，抢占货架、卖场的模式，导致转换率越来越低，流量始终走不出渠道。

第三个阶段，消费者时代——现在已经进入去中心化的碎片时代，以消费者为核心，以数据驱动运营，实现线上一物流一线下的消费闭环。

“零售终将回归本质”。未来，主动连接消费者且比竞争对手更快一步的门店能够活得精彩。

谁能更早让消费者认知、链接、产生互动，谁能为顾客提供更高效的服务和更优质的体验，谁就能掌握C端（客户）。而掌握C端的商家，就能更早地从地面营销走向空中营销，就能在市场竞争中胜出。

（1）线上线下相互引流将成为常态

未来的零售模式没有线上线下之分。因为技术的进步、移动互联网的普及，以及互联网下成长的年轻一代成为主力消费后，线上线下的界限越来越模糊了。同一群消费者既会是线下顾客，也会是线上顾客。他们在线上线下是来回穿越的，所以，未来的零售商需要同时具备线上、线下两种能力，并且拥有足够技术能力能打通线上线下。

从库存、会员到服务、营销，都将是线上线下高度融合的，零售商必须提供体验更好的商品与服务。现在一些大型电商平台获得一个新用户的成本达到了600 ~ 700元，这是电商零售必然要往线下延伸的客观要求。未来的零售市场必将是更加充分的二维市场结构空间。市场不会再回到单一的线下市场结构，只有实现二维市场融合规划，协同发展，才能把握市场的全部。

（2）电商平台将呈现“去中心化”流量趋势

流量已经成为零售业中最核心的竞争领域。在流量零售的模式下，所有的顾客一定是注册的、可链接的、可统计的、可管理的、可互动的。零售的经营将用一切有效的方式影响消费群体，逐步打造成终身价值消费者。电商巨头将继续高举高打，不仅将“全渠道”落实到更多零售实体业态，还会把电商平台的流量中

心化逐渐开始向去中心化演变。

网络社群流量将成为新零售发展的重要方向之一。社交力、社群力正在成为新的零售营销影响力。在网络社群平台，消费者不仅可以获得一个品类丰富、汇聚海量商品的购物平台，而且还可以获得一个生活消费分享平台。在开展网络购物的同时，还能享受到网络社群交往的快乐。

（3）社区零售将成为一种新的零售业态

社区作为线下主要流量入口的作用将愈发重要。通过为消费者带来便利的购物体验，帮助消费者省时省事来吸引消费者，增加用户黏性。

社区消费不仅可以培养线下用户社群，还可以增加销售收入。一般来说，开在社区的超市，售卖的生鲜价格可以做到比大卖场贵10% ~ 15%，因为社区超市为消费者提供了购物便利性价值。消费者愿意为便利和省时来支付更多费用，年轻一代的消费者更是如此。所以，社区消费可以提供更多新的商品形式以满足消费者更多的需求，比如提供易于烹饪的半成品、无须存储更省事的商品包装、餐饮化的体验，以及提供更快速的配送到家服务等。

二、数字经济下物流的变革

物流业是支撑国民经济发展的基础性、战略性、先导性产业，服务体验升级、供应链协同管理、建设物流强国的内在需求等诸多因素，对物流业发展提出了更高的要求。随着传统物流行业与新兴电子信息的深入融合，数字经济正式到来，当前我国物流业正处于加速转型发展的进程中。如何发展新物流，从传统单一、条块分割的物流业态向联接、联合、联动、共利、共赢、共享的综合物流与一体化物流转变，扶持引导数字物流、智慧物流、共享物流、协同物流、平台物流、末端物流等物流新物种，成为我国物流业面临的一项时代课题。

（一）数字经济时代新物流的智能化变革

1. 新零售驱动的物流模式升级

伴随着商业领域的发展，实体商业与虚拟商业之间的界限逐渐模糊，在商业生态方面，也实现了供应链、物流、大数据、金融、场景体验等的结合发展。新零售将取代电商，在用户与产品研发之间搭建桥梁，改革原有的供应链体系，并提出全新的物流服务需求。

（1）品牌企业需求升级

进入新零售时代后，品牌方实现了线上渠道与线下渠道的一体化运营，并据此提出了新的物流需求。一方面，在实施全渠道数字化运营的过程中，需提高物流体系的快速响应能力；另一方面，物流干线与门店融为一体的配送方式，促使品牌方更加注重对整个物流过程的管控。在物流配送末端环节，品牌方越来越重视货物追踪，并致力于提高企业信誉度，建立良好的品牌形象。

在新零售时代，很多企业实现了线上、线下一体化运营，品牌方对物流的反应速度及其运行的灵活性提出了更高要求，物流要完成多批次、小批量的配送任务。在市场需求的驱动作用下，不少物流企业采用020众包模式，实现了干线物流、门店集散配送与终端配送的结合发展。

（2）干线物流模式升级

以往，渠道压货模式占据干线物流的主体，主要采用直发模式满足用户需求，有些快消品则通过末端库存补货来保证其正常供应。在数字经济时代，干线物流能够将产品从工厂直接送往消费者所在地，给快速专线物流提供了良好的发展机遇。届时，零担运输将代替整车模式，大包裹将代替集约化的小包裹模式。

在生产环节，部分厂家实践了顾客对工厂（C2M）模式，通过主流干线将商品从厂家直接提供给终端消费者。在面向终端物流需求时，企业更多地采用大包裹、零担干线物流方式，满足消费者的商品需求。

在新零售时代，公路港能够发挥枢纽的作用，其功能集中体现为越库及物流整合。在后续发展过程中，公路港、空港都应该锁定消费者集散地，并将开发重点从一线城市转移到二、三线城市。随着商业领域的发展，大部分产业链都不会选择在中转园区进行货品存储，因此存货型园区公路港的作用将十分有限。相较之下，一线城市的市场也很小。

（3）同城配送服务升级

在新零售时代，物流配送的末端环节打通了物流和社区商业，这个环节的物流运作将产生以下变革：整合发展与升级转型。前者体现为“最后一公里”物流配送的整合；后者体现为由物流服务延伸出社区商业服务，如将微店商与微电商融为一体。

城市配送市场是快递企业应该重点开发的领域，如若不然，城市配送企业除

了与干线物流结合发展之外，很难拓展其快递业务。城市配送企业的业务主要由两大部分构成。

①物流集散中心面向企业客户，具体如商圈门店、社区店、专业店等。

②集散中心面向消费者个人，这类业务与宅配、传统快递存在共性。

在快递和城市物流方面，新零售驱动的物流变革具有多样化特征。以往，城市物流快递主要通过快递员进行推广，采用人工分拣方式。数字经济时代，城市物流通过获取海量的数据资源，能够实施精细化的用户管理，精确掌握用户的地理位置信息，节省分拣环节的时间成本，加快整体运转。对于城市物流，物流企业主要采用2B和2C两种模式：第一种模式是通过将干线物流与终端门店结合，配合020众包、快递柜，降低末端配送的成本；第二种模式会强化仓储管理、物流配送的自动化建设，充分发挥网络系统的作用，提高线下推广效果。

金融与数据是相伴相生的，要通过数据分析了解金融的价值，而数据资源就是为金融与商业的发展提供服务的。在新零售时代，物流行业发展的智能化水平不断提高，企业开始用云技术存储数据信息，数据资产成为物流企业竞争的焦点。传统模式下，企业的竞争力集中体现在物流资产上；如今，企业可通过融资租赁、众包方式获得物流资产。相较之下，数据资产更能体现其竞争实力。大数据将成为企业发展的主要驱动力，并促使物流企业的运营过程在各个方面产生变革。

2. 借助技术实现智慧物流转型

新物流引进并应用了大数据、人工智能、云计算等先进技术手段，这些技术在该领域的深度应用，将促使物流行业向智能化方向转型升级，通过在各个环节进行数字化、智能化建设，提高整体运营的智能化水平。

物流包含的五大物理要素包括人、货、车、节点、线路。实体经济与虚拟经济要通过这五大要素走向融合，为此要发挥物流在两者之间的连接作用。除了这五大要素本身的价值外，其背后潜藏的信息流、资金流、经济关系等，以相互关联的网络化形式表现出来。在进行智慧化改造过程中，物流本身与潜藏的数据网络都能够发挥不可靠替代的作用。

（1）在“人”方面

在对物流进行智慧化改造时，货运司机、分拣人员、园区运营者等，在传统模式下只能通过全球定位系统获取相关数据，如今则可通过智能移动终端收集多方面的用户信息。

（2）在“货”方面

以往多使用条码技术，如今则可通过射频识别技术进行货物追踪，并进行高效的信息管理。举例来说，PRADA在传统模式下主要依据服装销量判断其市场热度，将销量差的服装款式下架；如今，利用试品上装置的RFID，品牌能够对该试品试穿次数与销量进行综合分析，调整那些试穿次数多、销量却不高的服装有效促进其后期的销售。

（3）在“车”方面

以往主要通过全球定位系统获取相关数据，如今则在运载货车上安装了传感器。部分物流企业构建了相应的数据服务平台，能够从传感器硬件设备和远程信息设备中收集相关数据，进而实现数据资源的整合利用，为物流供应商和客户随时查询货车的运输状态提供便利。

（4）在“线路”方面

以往主要通过摄像头获取数据，如今则可利用传感器捕获集装箱、卡车、航空载具（ULD）的实时利用状态，据此分析这些交通工具的运力应用情况，从而制定最佳的运输线路。

（5）在“节点”方面

现阶段的大型物流中心、物流园区主要在内部管理系统进行信息化建设；而不少小规模企业则另辟蹊径，采用SaaS（软件即服务）模式，通过使用网络软件，提高对自身经营活动的线上管理能力，并促进了系统内部的信息共享。

随着网络化、信息化的建设与发展，新物流也能够跟上数字化时代的步伐，促进企业当下的业务发展，实现资源的优化配置及整合利用，提高企业运行的规范化程度。

3. 新物流时代的企业运营路径

传统模式下，实体商业与虚拟商业之间相互独立；未来，两者将实现结合发展，商业生态体系也将发生颠覆性的变化，促使物流行业改革传统思维，实现创新式发展。物流行业将在新零售的驱动作用下产生变革，线上渠道与线下渠道的运营将被打通。

与此同时，线下渠道的运营将趋向于数字化发展方向，从而优化实体店的管理，有效提升用户体验，实现商品的优化配置。不仅如此，实体店的商品将与线上渠道进行互动，推动电商网店向线下渠道拓展，传统零售业开通线上渠道，并将这两种发展方式融为一体。在新零售时代，线下数字化将占据更加重要的市场地位，成为货物流通的核心。

在数字经济时代，客户对物流服务即时性的要求明显提高，为了满足消费者的需求，实体店会着重发展即时性供求体系，争取在半小时之内将商品送到消费者手中。传统模式下，网店的商品主要从仓库里发货；在新零售时代，则能够从距离消费者较近的实体店发货，让实体店在物流配送过程中发挥更重要的作用。末端物流体系将呈现出新的特点，物流数据化平台的发展将趋于完善，大数据会被广泛引进社会化仓储系统中，提高企业物流资源的利用率，扩大企业资源的社会化开放程度。近年来，以阿里、京东为代表的实力型企业，都积极融入社会化物流体系中，不断提高自身物流系统的包容度。

在数字经济时代，企业要想获得更加长远的发展，就要掌握评估企业价值的方法，那么，物流企业的价值体现在哪些方面呢？

①距离用户近的物流企业，商业价值更高。末端物流是企业价值的重要体现，这个环节汇集了用户的相关信息，便于企业挖掘其商业价值。

②积累物流运营数据多的物流企业，商业价值更高。同样是运输人员，能够获取丰富运营数据的人，才能获得更好的后续发展。

③推出供应链运营所需的各类增值服务，在整个运营过程中占据更加重要的地位的物流企业，就能强化自身对产业链的控制作用。

在数字经济时代，资产对物流企业的价值逐渐降低，相比之下，运营能力才是企业应该关注的重点。通过提高运营能力，企业能够充分利用现有资产推动自身发展。国内物流企业应该抓住机遇进行转型升级，如果仍然固守传统思维，就会在激烈的市场竞争中处于不利地位，最终被淘汰出局。

（二）构建全新的智能物流网络

1. 构建新物流体系

在数字经济环境下，交易互联网将超越传统的线下零售与分销网络，跳出传统的电商交易体系，比如B2C平台、B2B平台、微商、社交电商等。新物流通过模式、渠道、利益机制的重构，借助互联网、移动互联网等技术，与大数据、云计算、分布式终端实现融合，将各个交易环节连接在一起，构建一个一体化的交易网络。在这个网络中，商品、组织、企业、零售、服务网络将实现无缝衔接、紧密融合，以用户需求与期望为中心对运营方法进行创新，重构零售供应链，降低交易成本，提升响应速度。

近年来，在各大电商巨头的努力下，比如阿里巴巴在线下渠道的布局，京东在农村电商、金融等领域的探索等，交易互联网逐渐成形，为传统产业与互联网、移动互联网的结合提供了有效路径。

进入数字经济时代，万物开始互联。随着各种新技术（AR、VR、人工智能、深度学习、NFC、RFID、LBS、4G、5G、智能仓储等）进入新零售市场，物联网逐渐实现了深度应用。将来，零售产业链将实现深度重构，在物联网的作用下，产品生产制造、数据挖掘、在线交易、仓储运输、零售终端等环节将实现相互连接，进而催生下一波商业机会。

随着新零售全面推进、不断深化，智能物联网吸引了各大商业巨头的关注，这些巨头遍布美国硅谷、中国的中关村、东南亚等地。从这方面来看，未来，零售不再是单纯的零售，物流也不再是单纯的物流，可以实现自动连接、自我管理、智能互动的人机智慧连接器将应运而生，现有的商业模式将被彻底颠覆。

商业领域的竞争非常复杂，既有供应链的竞争，也有生态系统的竞争，但最主要的还是人才的竞争。在新零售环境下，复合型人才或高级专业技术人才将备受企业关注，成为企业争夺的对象。在新物流体系中，物流企业需要既知晓传统物流规律，又拥有互联网思维、新兴技能、商业变革领导力的人才。在这场产业变革中，关系不是竞争的焦点，资源整合、领导执行、创新管理等综合能力才是。

物流企业要想在新零售环境下实现更好的发展，必须创建一支能满足企业变革、升级需求的人才队伍。现如今，阿里巴巴、百度、腾讯等商业巨头正在利用各种方式布局自己的人才网络，比如寻找合伙人、战略结盟、招聘、投资并购等。将来，这个人才网络将成为企业核心竞争力的体现。

普通的物流行业从业者与创业者无须与BAT等商业巨头较量，只需因地制宜、积极布局，创建自己的人才队伍、打造自己的人才体系。

2. 提升仓储响应的速度

（1）全网入仓

进入数字经济时代，品牌塑造模式不断升级、变革，在品牌塑造方面，消费者产生了极大的影响。同时，在线上渠道、线下渠道同时加速前进的过程中，全渠道、碎片化、分布式、拉动式需求模式对品牌传统的分销渠道、供应链管理产生了极大的影响。

在这种情况下，货物调拨与管控都将面临极大的挑战。近年来，线上零售商也好，线下电商也罢，都开始进行仓储布局，既给品牌商带来了好处，也给品牌商带来了诸多问题。比如，通过仓储布局，品牌商可减少仓储投资，缩短货运距离，加快响应速度，但品牌商必须重新构建自己的物流分销体系。在新零售环境下，电商仓储、线下零售仓储是两种截然不同的运营方法，在采购、下单、交仓、逆向物流等环节，零售商有不同的表现。在这种情况下，品牌商必须全面提升自己的全网入仓能力。

（2）分布式仓储

近年来，随着电商不断发展，物流地产，尤其是物流仓储获得了飞速发展。在一、二线城市，城市标准仓一度遭到哄抢，在某些一线城市，普通仓储甚至出现了一仓难求的状况。

在新零售环境下，受需求模式的影响，仓储将成为零售产业链核心资源。受新物流社会化模式的影响，物流企业不能利用传统的租用或自建自用的方式构建物流体系，需要变传统模式为综合管控模式。所以，零售产业链的仓储形式发生了极大的改变，逐渐从原来的核心仓、零售仓转变为微仓、社区仓、店仓等多种形式，以零售产业链为核心的多级分仓体系逐渐形成。

在这种情况下，将有更多零售平台、品牌商借合作、外包、联营、加盟等方式构建自己的核心竞争力，发展分布式仓储体系，为新零售环境下的供应链提供有效支持。从这方面来看，因为仓储资源本身就是一种公共资源，自建仓的数量将越来越少，众包共享共建仓将成为一种全新的发展趋势。

（3）仓到仓运输

在电商驱动下，物流网络实现了转型升级。随着快递、快运迅猛发展，物流市场的转型升级速度越来越快。近年来，专线物流市场备受关注。在中国公路物流市场中，专线物流市场的占比达到了70%，专业、高效、单线集约化是其主要优势。现如今，专线物流市场已成为连接仓与仓的主要线路。

除此之外，随着农村电商不断发展，支线物流业受到了极大的关注。所以，在新零售环境下，不仅分布式仓储呈现出快速发展之势，仓与仓之间的干支线网络也将全面升级。未来，干支线物流调拨网络将实现深度整合。近年来，借助自建、战略投资、外包整合等方式，阿里巴巴、京东、苏宁等企业加快了在该领域的布局。同样，物流探索者也通过设备、管理模式、技术体系的升级对仓与仓之间的运输网络进行了有效拓展。未来，运输网络有可能成为加快物流体系响应速度的一大关键要素。

3. 打通最后一公里物流配送

近年来，在国内物流市场上，同城物流备受关注，成为物流领域创业者、资本争相追逐的对象，其原因有以下两点：第一，同城物流与消费者的距离最近，覆盖了多种类型的需求，包括即时需求、计划需求等；第二，同城物流为“首尾最后一公里”配送难题提供了解决方案，覆盖了区域短板、区域配送等多种业务场景。

在新零售环境下，传统的只专注于某个环节或某个细分市场的同城物流体系将面临极大的挑战。未来，面对大零售、泛零售、居民生活领域层出不穷的需求，同城物流需要全新的同城整合服务模式，这种同城网络体系不仅具有传统的仓到店、店到家、店到点的运输功能，还具有跨区域、跨品类、跨城市、跨场景的综合服务能力。

从阿里巴巴、腾讯、百度等行业巨头的布局来看，物流最后1公里、3公里领域的布局已经完成，30公里、100公里还没有迎来成熟的发展时机，存在很多竞争者。所以，该领域的网络建设将聚焦物流场景、零售场景的管理与整合，全渠道、全范围的物流服务网络与个性化响应网络体系的构建。

进入数字经济时代，商品监督权、使用权、所有权、决定权不断在零售产业链上移动，变化速度极快。在万物互联、交易互联的环境下，因货物缺损、换货、客户拒收等原因导致的物流效率低、成本高、响应速度慢等问题都尚未得到有效解决。

虽然菜鸟、京东自建物流在逆向物流体系建设方面取得了一定的成就，并在大力推进逆向物流体系建设，但逆向物流服务的场景要求越来越多，现有的逆向

物流体系根本无法满足这些要求。究其原因，除了逆向物流需求具有复杂性、不确定性之外，还因为逆向物流需要在数据管控、线路优化、包装设计等方面开展一体化管理，不断转型升级。

在这种情况下，专业的物流企业迎来了一个很好的发展机会，其主要工作就是在阿里巴巴、京东这些行业巨头完成布局之前，找到逆向物流潜在的规模化价值，将其延伸服务纳入自己的产品服务体系，打造一个“人无我有，人有我优”的产品组合，以成功完成布局。

4. 品牌孵化与升级

现如今，品牌打造讲究“互联网+线下网络协同推进”的方式，于是，品牌打造成本也就随互联网流量成本的增加而增加。在品牌打造方面，随着社会营销门槛不断提升，线下品牌营销模式就成了一种最好的补充模式。

品牌塑造不是一蹴而就的，其需要企业与专业人才投入大量时间与精力。在这种情况下，各大企业纷纷在品牌塑造领域布局，凭借自己了解消费者，掌握销售渠道、流量、场景、用户、数据等方面的优势创建一个全链条品牌管理服务体系，为品牌商打造品牌提供了助益。

无论是天猫、淘宝平台上的淘品牌，还是京东的自营模式，抑或是内容电商、社交电商，这些商业模式的探索都以品牌管理与服务为切入点，最终通过与品牌商、生产商供应链体系的融合完成品牌孵化与升级，这是未来商业发展的主要趋势。

在物流方面，物流行业的从业者亟须解决以下问题：在新品牌网络体系中，物流企业如何借运输、物流、仓储等方式让品牌商更好地布局供应链管理及销售分销网络，从中获取更多价值？对于物流企业来说，这是其深入品牌服务体系最需要考虑的因素。

在数字经济时代，协同是一大典型特征，这里的协同不只是数据协同，还包括操作协同、管理协同。它要求以用户需求为核心，聚焦用户体验升级，通过平台开放、人工智能、支付体系、大数据挖掘等技术构建系统化、标准化、碎片化、U盘化的新零售产业生态体系，让线上线下、企业内外、平台与用户共享物流、数据、规则、管理、流程、利益等内容，实现无缝运转、迭代升级，最终面向用户构建一个网络协同的分工服务体系。

在数字经济时代，公开透明、经济安全的服务协同网络是一切互联网交易网、智能物联网及其他网络体系的落脚点，它们以实现多方共赢为目标，共享产业链创造出来的价值，共担产业链风险。现阶段，新零售正在从电商领域向传统零售领域蔓延，原有的服务协同体系亟须打破重组。

在新零售环境下，无论是以阿里巴巴、京东为代表的服务商市场，还是以沃尔玛为代表的配套零售产业服务体系，抑或是其他细分服务商都需要调整、重组，其未来的发展趋势需要深入挖掘。站在新零售变革的风口上，物流企业能否成功转型升级，关键在于物流企业如何看待这场变革，如何采取行动。

第三节　数字经济下的医疗行业

一、数字医疗的内涵

医疗卫生是一个很大的行业，而且是一项精巧的人类活动。它需要现代化生产的高效和规范化，也需要温柔及与人为本。它是一门科学，也是一门艺术。而科技将改变这一行业，改变医生的工作形式，也将改变医生之间以及医生和患者之间的关系。

医疗水平直接关系到广大人民群众的健康安危，作为最基本的民生需求，医疗在民生领域占据非常重要的位置。人工智能、大数据等数字技术不断向传统医疗行业渗透、融合，必将促进医疗行业的巨大变革。智慧医疗，是指物联网、大数据、人工智能等数字技术与现代医疗的充分结合，促进全国甚至全球医疗资源的优化配置，从而提高医疗效率，降低患者就医成本，改变患者就医方式。当前，患者通过在线医疗数字平台，采用文字、语音、图片甚至视频等多种方式向医生描述具体病患症状，就可让医生充分了解患者患病基本情况及病情变化趋势，从而有效制定并提出合理的诊断意见和诊治建议。

二、医疗行业变革

（一）数字病人

所谓“数字病人”，是“一种新型的以二进制为单位”的病人，“这种病

人在进入急诊室的时候，已经被注册，做了相关的检查，并已经有了大概的诊断”。在看到真实的病人前，已经通过电脑了解到病人的情况。真正的病人在这样的制度里只起到保持床位温暖的作用，并确保含有他健康信息的文件夹在计算机上一直处于激活状态。数字病人的血液检查结果和放射检查报告会被持续跟踪并形成道琼斯指数一样的趋势图，随着指标的增高或降低随时弹出窗口提醒医生和护士及时调节治疗方案，并做有关测试。

近年来，临床诊治的过程已被彻底改变，从传统的医生和病人之间的直接交流，以及医生和医生之间的相互讨论，转换成了信息技术主导一切。

（二）电子病历智能共享

在过去看病，医生一直是手写病历，并被告知过多与患者或家属分享信息是错误的，例如，诊断病人所患癌症是不可治愈的这种信息便不宜分享。今天，大多数人，包括患者和医生在某种程度上都变得更开放、更诚实了。在智能医疗方面，可以通过区块链技术实现个人电子病历的共享平台。如果把病历想象成一个账本，区块链可以将原本掌握在各个医院手上的病历共享出来，患者可以通过共享平台获得自己的医疗记录和历史情况，医生可以通过共享平台详尽了解到患者的病史记录。共享平台为患者建立了个人医疗的历史数据，不论是就医治疗还是对个人的健康规划，都可以通过共享病历平台了解自己的身体状况和就医历史记录。将病历数据真正掌握在患者自己手中，不是被某个医院或第三方机构掌握。利用区块链技术的加密机制还能够保证共享平台兼顾患者的隐私性和病历数据安全性，患者能够控制自己的病历向任何一方开放，同样也能控制病历的流动方向。

此外，利用区块链分布式数据库的海量数据可以对个人进行健康画像，通过个人健康模型定期提示体检情况及需要注意的饮食。同样，结合电子病例数据库中的治愈情况，不同患者可以在智能电子病例中得到推荐的医院甚至是医生。通过智能电子病历，可以综合患者过往病史为患者提供预防性医疗建议。

（三）智能处方共享

智能处方共享是指医生在医治患者的过程中可以通过智能处方共享平台查看相似病情的处方信息，从而达到处方共享的目的。目前，医疗处方存在以下几个问题：患者修改处方，医生滥开处方；药店和医院分离，分发流程不透明；医疗条件的极度不均衡导致相对落后地区的医疗人员经验不足，延误患者病情。

基于区块链技术的智能处方共享平台可以追溯处方来源，同时确保患者不会篡改处方。将药店纳入区块链平台网络中，可以有效确保药品分发透明公开。最重要的是共享平台有利于提高医疗条件不发达或欠发达地区的医疗水平，为患者谋福。尤其在我国中西部偏远地区，患者可以通过处方共享平台得到各大医院对不同病情所开出的处方，从而得到及时的治疗意见。

利用区块链技术实现医院与合作药店之间的连接，建立准实时处方分发机制，确保医院与药房处方的一致性、完整性。每份处方都具有处方标签，平台对处方重复使用进行严格控制，出现相同处方标签时会全网通知核验，杜绝处方重复使用的乱象。

（四）医疗智能评级

医疗智能评级是指基于区块链技术建立监管部门与各大医院的联盟链医疗平台，对全国各大医院的病例、处方进行监管，有效缩短查询查复周期，并保证数据的完整及透明性。此外，智能评级系统还会借助区块链中各家医院的数据建立医疗评级模型，对三甲及以下级别的医院定期评级，有效防止医院各自为政，有助于提高医疗综合实力。

（五）药品的溯源

区块链技术与物联网技术融合，能够实现对药品全生命周期的追溯。在药品原料采购方面，采用物联网技术，在药品原料采购、运输过程中进行数据采集和监控，并录入区块链分布式数据库进行跟踪。在药品生产制造过程中，通过打通生产制造执行系统（MES）企业管理系统（ERP）与区块链溯源系统的数据通路，实现生产、销售数据的实时监测和评估，药品溯源系统设有监管节点，所有生产药品需通过监管节点的数字证书签名才能进入市场。在应用端，可以提供用户App、二维码、微信小程序等追溯媒介，使用户能够灵活、便捷地溯源药品的全流程数据。

（六）助力临床和健康管理

通过为医生与患者开发虚拟形象个性化人工智能，医生利用个性化人工智能提醒病人注意遵医嘱并改进生活习惯。比如健康状况较差的独居老人往往会存在抑郁的风险，而借助个性化人工智能虚拟形象可以在日常生活中密切注意老人的生活，并督促老人正常饮食及锻炼。如果是一位老人熟悉的家人，还可以在某种程度上营造亲友就在身边的感觉，有正面的心理暗示作用。同样，对于出院后处于康复期的患者，虚拟人工智能形象也可以发挥同样的作用，减少患者再次入院的风险。

（七）维护临床数据完整性

在区块链上存储原始数据和文件的哈希表，通过哈希算法来验证其他拷贝，并将结果与区块链上存储的数据进行对比。由于区块链上的数据储存在百万计的节点上，任何数据篡改都会被及时发现。另外，此类技术还可以应用在对透明度、细粒度数据要求高的领域，比如医疗行业。医疗机构需要处理大量敏感数据，极容易成为黑客攻击的目标。区块链技术可以在跨机构验证，分享的病人完整数据，生成不可篡改的治疗流程数据账本记录，以及维护临床试验采集数据的完整性上都非常有用。

（八）医疗机器人

机器人医生正在大量出现，这些新的机器人，意味着智能医疗的发展，相当于在医疗系统中增加了大量的名医。这些“名医”，不仅具有高超的医术水平，最为重要的是，它们可以不受距离的限制，使得优质医疗资源能够到达很多偏远的地区。随着技术的发展，未来的很多医疗诊断，通过一个智能手机就能够完成。

文明的发展是通过扩大一些重要的行动来完成的，而这些行动我们却可以不假思索地完成。药剂师们在核对药方。核对完成之后几秒钟，就有标签从旁边的打印机打印出来，然后技术人员根据标签采集对应的药物。如果药物是药片，那么药剂师就将药片从药瓶里面倒出来或者从片剂包装里面挤出来；如果要求药物是以静脉滴注的方式供给，药剂师会用注射器穿过铝盖小心翼翼地将药物溶于注射液。

即使药房的技术人员发生操作失误，其他药剂师仍然有机会在药物离开卫星药房之前纠正技术人员的错误，因为他们会检查每一份即将被送出药房的药品。但是病人可能会在几个小时或更长时间后才需要服药，所以这意味着仍然有时间将电子处方传送到药房机器人进行处理。药房机器人是专门为了药房抓药而设计的，它还能够将药片装入贴条形码的薄膜袋，然后将这些包装用塑料环捆绑，送去病房装在储药柜里。

毋庸置疑，机器人的确在某些方面比人类更加精准，这就是今日机器人已经在医疗行业和其他工厂作业中代替了人力的原因。加州大学旧金山分校医学中心的那台机器人就像其他的机器一样，非常准时又不需要休息，并且也不会像人一样分心。

随着机器人医生的出现，我们可以预估，优质医疗资源短缺的问题将得到极大的改善，也能降低医疗资源分布的地区不平等。

随着医疗卫生领域不断进步与完善，结合互联网技术与人工智能技术，我国也在大力推进智能医疗的建设。智能医疗是医疗与人工智能融合发展的产物，同时融合了物联网技术、计算机信息处理技术、网络通信技术，通过打造智能化医疗信息平台和医疗档案存储平台，实现患者、医务人员、医疗机构、医疗设备之间的互联互动，逐步达到医疗信息化。

三、数字医疗的发展趋势

近年来，越来越多的智能硬件都可随时连接网络，这无疑为数字医疗的发展提供了良好的土壤。虽然我国大众不像西方国家民众已经意识到健康的自我管理的重要性，并愿意为之支付高昂的费用，但数字医疗可助其健康管理更有效。在我国数字医疗能为解决医疗资源不均衡、过度医疗、药品和诊疗价格公开度低等问题提供有效的解决方案。

物联网、人工智能、机器学习、区块链数字技术正从消费和商业使用转移到医疗行业，如借助智能手机就能让用户获取和共享自身的健康数据，医疗供应商能够与患者全天候互动，还能实现医疗服务的追踪和个性化定制，数字医疗技术的发展和应用使人们越来越确信它将改变医疗行业的现状与未来。

（一）数字技术优化医疗服务的工作流程

传统医疗过程中，患者从预约挂号到接受诊疗到享受医疗服务，通常需要几周或几个月的时间，医生们在诊疗时又十分匆忙，将患者数据输入电子病历还要花费太多的时间，如何高效地进行医疗服务交付成为困扰业内人士和患者的复杂问题。而数字技术的应用可以为那些时间紧迫的医疗人员提供决策支持、更高效的工作流程和不同形式的移动通信，使其能在更短的时间内接待更多的患者，同时也为患者提供更好的医疗体验。

此外，在决策支持、人工智能和数据工具等数字技术的辅助下，就医时间大为缩短，不仅使更多患者得到医疗服务，还有助于降低劳动力成本和医疗成本。例如，护士、初级保健医生、病例管理人员可通过数字技术分担一些原本属于专门医生从事的工作，使医生的更多精力集中于诊疗与医技水平的提升，甚至患者在数字技术的作用下也能利用智能移动设备在家中进行医疗方面的自我管理。

（二）AI助力药物研发与数字干预

AI落地医疗，在助力药物研发、医生诊断等方面表现非凡，目前正在为一线医生降低劳动强度，并帮助医疗资源覆盖到偏远地区。公众能够直观感受到的就是多地大医院配备的为患者回答问题、初步分诊、疏导患者的人形导医机器人。其实AI更多地表现为助力药物研发以及通过应用程序的设置与数字干预提高临床疗效，药物发现的过程涉及数百种化合物的鉴别以及这些化合物在后续试验过程中持续不断地被剔除，通过缩小治疗靶点的范围，AI能够更迅速、廉价地帮助药企研发新药，大大缩短研发新药的时间和成本。此外，借助AI技术，通过以临床上可证明的方式改善患者的健康应用程序等数字干预措施，使用各种健康、行为和情境数据，如睡眠、血压、血糖、体重等来改善患者的治疗计划。这类应用程序具有令人信服的临床疗效，制药公司也有兴趣将数字干预与其生产的药物相结合，以改善预后，并进行产品细分，然后直接与患者接触。例如，将传感器嵌入药丸中，以追踪患者的药物依从性。

（三）智能可穿戴医疗设备促进健康自我管理

现行的医疗监测与药物输送手段，如量血压和测心率、输液等都容易出现人为失误，如果以皮肤为平台，将可穿戴装备放置在皮肤上以进行持续的生理监测和药物输送实现健康的自我护理，不仅能让患者减少住院时间，而且获得的数据更可靠，更可大大减少人为失误。此外，通过智能可穿戴设备实时监测身体体征数据，通过对身体各项数据的显现，既可改善患者的治疗计划，也可促进更多的患者参与医患互动，还可督促用户养成良好的生活习惯，对疾病的预防也有好处。

（四）数字技术促进医疗数据的集成与分析

近年来，已经出现了电子病历中的数字化健康数据、智能手机捕获的健康数据和基因组数据等急剧增加的趋势。这些新型医疗数据集有许多用途，如医生可以通过分析这些数据来做出诊断和决策；患者也可以从数据的预后预测中受益，医疗保险公司和那些直接支付雇员保险的公司可以用它们来完善保险精算模型。而这些数据现在处于孤立、易受袭击的分散式状态，日益庞大的数据处理起来也很棘手，而且所有数据管理如今都面临一个共同难题，那就是无法实现数据共享。而区块链具备收集全球临床信息和共享医疗记录的巨大潜力。在区块链技术的作用下，医疗数据未来应该是集中的、受保护的、网络式的。例如，登记在区块链上的医疗数据会被加密处理，患者可以选择更有保障的途径，不同于将患者的信息孤立地存储在当地的医院，患者的每一次新的就诊经历都会被记录在一个公共平台上，而且这些信息的获取权限完全由患者本人控制，可极大程度减少隐私泄露风险。

参考文献

[1] 白津夫，李政.数字经济十大趋势[M].北京：中国对外翻译出版公司，2024.

[2] 翟振林.Web3.0构建数字经济新未来[M].北京：中国科学技术出版社，2024.

[3] 鲍世超.时代聚变数字经济与创新发展[M].北京：中国经济出版社，2024.

[4] 杨燕青，葛劲峰，马绍之.数字经济及其治理[M].北京：中译出版社；中国出版集团，2023.

[5] 周民，王晓冬.走进数字经济[M].北京：国家行政学院出版社，2023.

[6] 刘亚威.数字经济的发展研究[M].延吉：延边大学出版社，2023.

[7] 龚龚，李志男，张微.数字经济大变局[M].北京：世界图书出版公司；中国出版集团，2023.

[8] 薄胜，贾康.元宇宙与数字经济[M].北京：企业管理出版社，2023.

[9] 吴志峰，岳昊江.NFT与数字经济[M].北京：中译出版社；中国出版集团，2023.

[10] 潘凯.数字经济与中国数字化转型发展[M].北京：中国纺织出版社，2023.

[11] 李先吉，李果.数字化之路数字经济知与行[M].长沙：湖南人民出版社，2023.

[12] 刘刚.中国数字经济发展机制研究[M].北京：中国商务出版社，2023.

[13] 周之文，周克足.数字经济国家战略行动路线图[M].北京：中国经济出版社，2023.

[14] 岳建明.数字化转型数字经济重塑世界经济[M].北京：中国纺织出版社，2023.

[15] 徐璐.数字经济背景下的劳动关系治理研究[M].北京：中国工人出版社，2023.

[16] 何春.数字经济促进共同富裕的机理分析与优化路径[M].北京：中国经济出版社，2023.

[17] 钱志新.全新数字经济[M].北京：企业管理出版社，2022.
[18] 黄奇帆，朱岩，邵平.数字经济内涵与路径[M].北京：中信出版集团，2022.
[19] 朱嘉明，陈钰什，袁洪哲.变革元宇宙与数字经济[M].北京：当代世界出版社，2022.
[20] 朱嘉明.元宇宙与数字经济[M].北京：中译出版社，2022.
[21] 申雅琛.数字经济理论与实践[M].长春：吉林人民出版社，2022.
[22] 马骏，袁东明，马源.数字经济制度创新[M].北京：中国发展出版社，2022.
[23] 孙毅.数字经济学[M].北京：机械工业出版社，2022.
[24] 李瑞.数字经济建设与发展研究[M].北京：中国原子能出版社，2022.
[25] 王大山，王淳枫.链商重塑数字经济新生态[M].北京：机械工业出版社，2022.
[26] 李柳.数字经济理论与实践创新研究[M].北京：中国商业出版社，2022.
[27] 吕红波，张周志.数字经济中国新机遇与战略选择[M].北京：东方出版社，2022.
[28] 丁玉龙.数字经济、信息通信技术与绿色发展[M].芜湖：安徽师范大学出版社，2022.
[29] 金毓.数字经济与数字贸易协同发展路径研究[M].北京：中国纺织出版社，2022.
[30] 余静宜，胡凯.数字化转型：数字经济重塑企业创新优势[M].北京：中国铁道出版社，2022.
[31] 陆秀芬.数字经济时代企业智能财务的构建与应用研究[M].天津：天津科学技术出版社，2022.
[32] 胡晓锋.数字经济时代智能财务人才的培养与实践研究[M].长春：吉林出版集团股份有限公司，2022.
[33] 张晓燕，张方明.数实融合数字经济赋能传统产业转型升级[M].北京：中国经济出版社，2022.
[34] 刘西友.新治理数字经济的制度建设与未来发展[M].北京：中国科学技术出版社，2022.

[35] 叶开，贾朝心，黄笙发.产业数字经济[M].北京：中国商务出版社，2021.

[36] 宋爽.数字经济概论分社[M].天津：天津大学出版社，2021.

[37] 彭昭.数字经济与5G新商机[M].北京：北京理工大学出版社，2021.

[38] 王世渝.数字经济驱动的全球化[M].北京：中国民主法制出版社，2021.

[39] 郭沙.数字孪生数字经济的基础支撑[M].北京：中国财富出版社，2021.

[40] 杜国臣，李凯.中国数字经济与数字化转型发展[M].北京：中国商务出版社，2021.

[41] 唐晓乐，刘欢，詹璐遥.数字经济与创新管理实务研究[M].长春：吉林人民出版社，2021.

[42] 蒋媛媛.中国数字经济宏观影响力评估[M].上海：上海社会科学院出版社，2021.

[43] 张立.区块链构建数字经济新世界[M].北京：中国科学技术出版社，2021.

[44] 毛丰付，娄朝晖.数字经济技术驱动与产业发展[M].杭州：浙江工商大学出版社，2021.